Abenteuer & Wissen

Maja Nielsen

Dschingis Khan

>>> Die geheime Geschichte des Steppenkämpfers

Fachliche Beratung: Purev Erdenesukh

Gerstenberg visuell

Die Autorin Maja Nielsen ist gelernte Schauspielerin. Durch ihre beiden Söhne kam sie zum Schreiben spannender Abenteuergeschichten. Viele davon sind als Bücher und Hörbücher erschienen oder wurden als Hörspiele und Reportagen im Rundfunk gesendet. Für die Bücher der Reihe *Abenteuer & Wissen* stehen ihr Experten der jeweiligen Sachgebiete zur Seite.

Purev Erdenesukh, fachlicher Berater dieses Bandes, wurde in der mongolischen Hauptstadt Ulan-Bator geboren. Er studierte Literaturwissenschaften in Moskau und Zentralasienwissenschaft in Bonn. 2004/05 war er in der Projektleitung der Ausstellung „Dschingis Khan und seine Erben. Das Weltreich der Mongolen" in der Kunst- und Ausstellungshalle der Bundesrepublik Deutschland, Bonn, tätig.
Der Verlag dankt **Nasanbayar Bodigerel** für seine Unterstützung dieses Buches und für das Bildmaterial seiner Familie, das er freundlicherweise zur Verfügung gestellt hat.

Bibliografische Information Der Deutschen Bibliothek
Die Deutsche Bibliothek verzeichnet diese Publikation in der Deutschen Nationalbibliografie; detaillierte bibliografische Daten sind im Internet über http://dnb.ddb.de abrufbar.

Reihenkonzeption: Magdalene Krumbeck, Wuppertal
Gestaltung, Satz und Litho: typocepta, Köln
Illustrationen: Magdalene Krumbeck, Wuppertal
Karten: Peter Palm, Berlin
Druck: Gerstenberg Druck, Hildesheim
Printed in Germany

www.gerstenberg-verlag.de

ISBN 978-3-8067-4835-2

Inhalt

Der Herrscher

Weit wie der Ozean ist die mongolische Steppe. Unablässig geht der Wind über sie hinweg, beugt das braune Gras, pfeift um die Gipfel der hohen Berge, treibt kilometerlange Sandwirbel vor sich her und jagt phantastische Wolkentiere über den blauen Himmel. Die Mongolen glauben, dass ihr Land von unzähligen Geistern und Göttern bewohnt ist. Ihre Schamanen besitzen die Fähigkeit, den Willen der unsichtbaren Mächte zu verstehen. So erfuhren die Steppenbewohner vor langer Zeit, dass der hohe Himmel den Häuptlingssohn Temudschin auserkoren hatte, die ganze Welt zu beherrschen. Da gaben sie Temudschin den Namen Dschingis Khan, machten ihn zu ihrem Kaiser, folgten ihm in nie da gewesener Geschlossenheit und eroberten unter seiner Führung das größte zusammenhängende Landreich der Geschichte. Auf ihrem Kriegszug gingen die Mongolen so grausam gegen die unterworfenen Völker vor, dass die Menschen meinten, der Untergang der Welt sei gekommen. Wo immer die mongolischen Horden hinkamen, ließen sie verbrannte Erde zurück. Sie machten ganze Armeen nieder, verwüsteten Städte, töteten die Bewohner. Und wen sie am Leben ließen, der wusste Entsetzliches über die Gräueltaten der Mongolen zu berichten.

Das ist die eine Seite der Geschichte vom Mongolensturm. Die andere Seite aber ist diese: Im Innern des Riesenreiches herrschte Frieden, der Handel und mit ihm der Wohlstand blühten auf, und es kam zu einem ersten Austausch der europäischen und der asiatischen Kultur.

Vom Mittelmeer bis zum Pazifischen Ozean und von Sibirien bis zum Himalaja reichte Dschingis Khans Riesenreich. Auf der Welt hat es nie einen mächtigeren Herrscher gegeben. Dies ist die geheime Geschichte seines Aufstiegs – und die Geschichte seines Volkes, das heute noch fast genauso lebt wie zur Zeit seines größten Herrschers vor 800 Jahren. Davon erzählt der junge mongolische Arzt Nasanbayar Bodigerel, der in der Steppe aufwuchs.

Mit der Hilfe des Himmels habe ich für euch ein Reich erobert, dessen Grenzen eine ganze Jahresreise auseinanderliegen.

Dschingis Khan. Geheime Geschichte der Mongolen

1 c)

Der Mongolensturm

>>> **Wir schreiben das Jahr 1240.** Es ist die Zeit des Hohen Mittelalters, die große Zeit der Ritter. Im Dienst ihrer mächtigen Herren, der Grafen, Bischöfe und Könige, sorgen diese furchtlosen Recken dafür, dass im Herzen Europas Frieden herrscht. Lange schon hat es keine großen Kriege und Raubzüge, keine sinnlosen Fehden mehr gegeben. Die Ritter kämpfen für eine bessere Welt.

So kann im Westen und in der Mitte Europas eine blühende Kultur entstehen. Die Bevölkerung wächst. Die Bauern roden die Wälder, um neue Felder unter den Pflug zu nehmen, denn die vielen Menschen müssen satt werden. Auch das Handwerk blüht auf. Dank des Erfindungsreichtums immer weiter spezialisierter Handwerker werden viele nützliche Dinge hergestellt: Kleidung, Waffen, Haushaltsgeräte – an allem wird getüftelt, alles wird verbessert.

Auf den Märkten pulsiert das Leben. Die Städte haben ihre Macht und ihren Wohlstand gefestigt, und allerorten entstehen neue. Der Handel wirft satte Gewinne ab. So ist genug Geld da, um gewaltige Bauwerke wie die Kathedrale von Reims oder den Kölner Dom in Angriff zu nehmen. In den Domschulen und an den ersten Universitäten streben die Menschen nach Wissen und Wahrheit. Voller Zuversicht blickt man in die Zukunft.

Dass Papst und Kaiser sich in einem erbitterten Streit um die Vormachtstellung befehden, dass die Könige oft nur dem Namen nach herrschen, kommt den großen Fürsten gerade recht. Jeder Landesherr regiert, wie es ihm ge-

Die Fürsten üben sich in höfischer Kultur und feiern rauschende Burgfeste, während im Osten der Mongolensturm losbricht. Keiner bemerkt die Gefahr, die das Abendland bedroht. Buchmalerei aus dem 15. Jahrhundert

Mongolische Reiter in Kriegsuniform und mit Fahnen aus der Zeit des Dschingis Khan. Beim alljährlichen Naadam-Fest, dem Nationalfest der Mongolen, wird an den bedeutendsten mongolischen Kaiser erinnert.

fällt. Man freut sich des Lebens. An den Höfen der Fürsten und Könige messen sich die Ritter auf glanzvollen Turnieren. Troubadoure ziehen von Hof zu Hof und singen ihre Lieder. Sie schmeicheln den edlen Damen mit kunstvollen Minneliedern. Spannende Geschichten wie die von König Artus und seinen Rittern der Tafelrunde werden niedergeschrieben. Die Ritter genießen hohes Ansehen. Edel und freigebig, mutig und gerecht, bereit, jederzeit für die ein-

Die Kreuzzüge

Im Mittelalter unternimmt das christliche Europa verschiedene Kriegszüge zur Eroberung Palästinas, die so genannten Kreuzzüge. Zwischen 1096 und 1270 haben sieben Kreuzzüge stattgefunden: Auf dem ersten Kreuzzug wird Jerusalem erobert, am dritten Kreuzzug nehmen unter anderem Kaiser Friedrich I. Barbarossa und König Richard Löwenherz teil. 1212 findet der Kinderkreuzzug statt: Tausende von Kindern brechen ins Heilige Land auf und erreichen nie ihr Ziel. Viele sterben, die meisten geben auf. Letztendlich misslingt dem Abendland eine dauerhafte Eroberung Palästinas. Die Kreuzzüge sind gekennzeichnet durch grausame Blutbäder, bei denen Hunderttausende von Muslimen und Christen ihr Leben lassen mussten.

zutreten, denen Unrecht geschieht – so muss ein rechter Ritter sein. Und fromm dazu, ein guter Christ, ein Kämpfer für die Christenheit. Auf Geheiß von Papst, König und Kaiser ziehen die Ritter auf Kreuzzüge ins Heilige Land. Die Priester predigen es Sonntag für Sonntag von den Kanzeln herab: Auf, ihr Christen! Nach Jerusalem und Antiochien! Lasst uns dort gegen die Mohammedaner kämpfen!

Die Kreuzfahrer waren überzeugt, durch die Vertreibung der Muslime aus dem Heiligen Land Gottes Willen zu erfüllen. „Gott will es!“, war ihr Schlachtruf.

Für die Menschen des christlichen Abendlandes ist der Feind sehr weit weg. Dass fremde Krieger mitten in Europa auftauchen könnten wie die Kreuzritter in Vorderasien – damit rechnet niemand.

Die Kämpfer kommen aus der Steppe. Auf struppigen Pferden donnern sie heran. Sie sind überaus treffsichere Bogenschützen. Mongolen – so nennen sie sich. Übersetzt heißt das „die Tapferen“.

Es sind ihrer unendlich viele, so dass sie niemand zählen kann. Der Anblick ihrer Gestalt und vor allem ihrer Gesichter flößt Schrecken ein: Schwarze Haare, weit auseinanderstehende geschlitzte Augen, gelbe Gesichter – das müssen leibhaftige Teufel sein. Vielleicht sind sie Nachkommen der beiden schrecklichen Riesen Gog und Magog, die sich von Menschenfleisch ernähren? Aus dem Land weit im Osten, in dem Menschen mit Hundeköpfen leben? Die Gerüchte überschlagen sich.

Aus Russland dringen haarsträubende Meldungen nach Mitteleuropa. Die heilige Stadt Kiew sei vernichtet, heißt es.

Kiew – die schönste Stadt Russlands! 400 herrliche Kirchen, 40 000 Einwohner, feste Stadtmauern! Und jetzt? Gerade 200 Häuser sollen noch stehen. Unfassbar! Männer, Frauen und Kinder niedergemetzelt, selbst Priester und Mönche auf grausame Weise getötet. In Kiew lebt keine Seele mehr. Und die mongolischen Horden ziehen weiter nach Westen.

Jede Stadt, jedes Dorf, durch das sie kommen, machen die Mongolen dem Erdboden gleich. Manchmal lassen sie eine Hand voll jämmerlich zugerichteter Augenzeugen am Leben, damit sich

Die Kreuzzüge brachten verschiedene geistliche Ritterorden hervor. Die größten und bekanntesten sind die Templer, die Johanniter, die Malteser und der Deutsche Orden.

Das Blut unserer Brüder hat gleich Wasserfluten die Erde getränkt, unsere Dörfer sind zu Weiden geworden, von unserer Größe ist nur ein Schatten geblieben. Furchtbar ist es, ein Opfer von Gottes Zorn zu werden.

Abt Serapion, Augenzeuge des Massakers von Kiew, am 6. Dezember 1240

Legende von Krakau

Jedes Jahr im März wird in Krakau an den Mongolensturm erinnert: Ein Turmbläser bläst zu jeder vollen Stunde von der Marienkirche Alarm – und verstummt plötzlich. Denn so soll es damals geschehen sein: Als die heranrückenden Mongolen den Alarm des Turmwächters hörten, tötete einer von ihnen den Bläser mit einem Pfeilschuss durch den Hals.

die schrecklichen Nachrichten schnell verbreiten, die den mongolischen Heeren vorauseilen. Bald haben die Reiterhorden Polen erreicht und stehen vor den Toren der alten Hauptstadt Krakau. Am 24. März 1241 geht die geplünderte Stadt in Flammen auf.

Immer weiter zieht die mordende Meute. In den mitteleuropäischen Ländern bricht Panik aus.

In eiliger Hast werden die Ritter zusammengetrommelt. Der schlesische Herzog Heinrich II., ein Bild von einem Mann, ein echter Recke mit schwarzem Vollbart, stellt sich den Steppenkämpfern am 9. April 1241 mit einem deutsch-polnischen Heer bei der Stadt Liegnitz entgegen. Die Helme der Ritter glänzen in der Sonne, ihre prachtvollen Banner flattern im Wind. Schwer gepanzert, kampferprobt, hoch zu Ross – so erwarten fast 40 000 Mann, die besten Kämpfer des Abendlandes, die fremden Horden.

Ritter kämpfen mit Schwert oder Lanze, Auge in Auge, Mann gegen Mann. Einen Feind aus dem Hinterhalt zu überfallen oder aus großer Entfernung mit Pfeilen vom Pferd zu schießen – das ist in ihren Augen feige und unehrenhaft. Die Mongolen sehen das ganz anders. Sie wollen töten, ohne sich selbst in Gefahr zu begeben. Das ist für sie keine Frage der Ehre. Jeder Kämpfer führt gleich mehrere Bogen und zahlreiche Pfeile mit sich. Es sind ihre wichtigsten Waffen. Und sie verstehen meisterhaft damit umzugehen.

Und dann sind sie da. Aus großer Entfernung schwirren den Rittern Pfeile entgegen, zehntausende, ach was, hunderttausende. Die mongolischen Reiter fegen in wilder Jagd heran. Noch im Galopp treffen ihre Pfeile ins Ziel. Die Ritter wanken, aber sie halten stand. Das haben sie sich alles viel schlimmer vorgestellt. Die Mongolen brechen ihren Ansturm ab, wenden sich zum Rückzug. Triumphierend nehmen die Ritter die Verfolgung auf.

Sie spornen ihre Pferde an – und galoppieren geradewegs in die Falle. Plötzlich ein ohrenbetäubender Lärm. Mit gellendem Kampfgeschrei bricht das eigentliche Heer der Mongolen aus einer Niede-

Ritter gegen Steppenkämpfer

Die Ritter trugen eine schwere Eisenrüstung und einen eisernen Helm. Die gesamte Rüstung mitsamt den Waffen wog 45 Kilo – zusammen mit dem Gewicht des Mannes eine ungeheure Last für ein Pferd. Die wichtigste Waffe der Ritter war das zweischneidige Schwert, außerdem trugen sie eine lange Lanze unter dem Arm und eine Streitaxt, gelegentlich auch eine Keule, bei sich. Die Hauptwaffe der Mongolen waren Pfeil und Bogen. Hinzu kamen ein leichter Schild, ein Lasso und ein Dolch, ein Kurzschwert und zwei bis drei Wurfspieße. Besonders schwer bewaffnete Reiter hatten zudem einen Säbel, eine Streitaxt und eine lange Lanze.

rung hervor. Die Ritter sind mit ihren schweren Rüstungen und den massigen Streitrossen viel unbeweglicher als die Mongolen in ihrer leichten Lederrüstung auf ihren wendigen Pferden. Im Nu sind die Ritter umzingelt. Plötzlich ist überall Feuer. Die Rauchschwaden sind so dicht, dass die Ritter Freund und Feind nicht mehr unterscheiden können. Jetzt ziehen die Mongolen schwere Pfeile aus ih-

Herzog Heinrich II. von Schlesien fällt mit dem größten Teil seines Heeres in der Schlacht von Liegnitz. Die Gefallenen werden grausam verstümmelt.

Der Reitsattel der Mongolen wurde aus Holz gefertigt und mit Schafsleder überzogen. Das Leder wurde in Hammelfett getränkt, damit es bei Regen nicht rissig wurde.

ren Köchern, solche, die Ritterrüstungen durchbohren können. Die wehrlosen Ritter werden Mann für Mann gnadenlos niedergemetzelt: Gefangene machen die Mongolen nicht. Heinrichs Kopf wird abgeschnitten und auf eine Lanze gespießt. Johlend tragen die Sieger die grausige Trophäe vor ihrem Zug her. Den toten Rittern schneidet man die Ohren ab und sammelt sie ein, damit für alle Welt sichtbar wird, wie vernichtend dieser Sieg ist. Es werden neun prall gefüllte Säcke.

Und weiter geht es. An nur einem Tag und einer Nacht legen die mongolischen Reiter eine Strecke zurück, für die ein Ritter vier Tagesreisen einrechnet. Wie eine Wolke vor dem Wind fegt das Unheil über die Länder hinweg. Das ist der Weltuntergang, denken viele. Das Strafgericht Gottes. Ganze Städte und Dörfer verschwinden von der Landkarte. Polen fällt. Danach Ungarn. Die Mongolen scheinen überall zur gleichen Zeit zu sein. Nur zwei Tage nach der Schlacht von Liegnitz bekommt der ungarische König Bela IV. seine Lektion erteilt. Am 11. April 1241 kommt es auf der Ebene von Mohi am Fluss Sajo zur Schlacht. Die ungarischen Kämpfer sind den Mongolen zahlenmäßig überlegen – und sie gelten als die besten Reiter des Abendlandes. Wer soll die Mongolen schlagen, wenn nicht sie? Zusammen mit ihrem König haben sie sich in einer Wagenburg verschanzt. Die Mongolen nehmen sie in die Zange, die Wagenburg ist nicht zu halten. Rette sich, wer kann! Es kommt zu einer grausigen Treibjagd. Die Fliehenden werden mit Pfeilen von ihren Pferden geschossen, erschlagen oder in die Sümpfe getrieben. König Bela kann zwar entkommen, aber fast das gesamte ungarische Heer wird vernichtet. Das Land wird verwüstet, die Menschen niedergemacht: Von zwei Millionen Ungarn findet die Hälfte den Tod, so heißt es in alten Chroniken. Und der Schrecken nimmt kein Ende: Über die zugefrorene Donau fallen die Mongolen in Österreich ein. Bis zur Wiener Neustadt dringen die Steppenkämpfer vor. Die Menschen in der Mitte Europas erwarten ihr sicheres Ende.

Doch dann, von einem Tag auf den anderen, sind die Reiterscharen plötzlich verschwunden. Wie vom Erdboden verschluckt. Nach Osten seien sie geritten, heißt es. Warum, das weiß kein Mensch.

Das mongolische Pferd

Die Pferde der Mongolen sind klein, maximal 1,35 Meter groß, aber sehr stämmig. Sie wiegen 300 bis 350 Kilogramm und sind bekannt für ihre Ausdauer und Belastbarkeit. Sie können große Kälte aushalten und kommen mit wenig Futter aus. Die mongolischen Krieger führten mindestens zwei Ersatzpferde mit sich, um stets ein frisches Pferd zu haben. Sie konnten im Galopp die Pferde wechseln. Pferde waren und sind aber nicht nur als Reittier für die Mongolen wichtig. Die Stuten werden alle zwei Stunden gemolken, und aus ihrer Milch stellt man Airag her, das traditionelle mongolische Nationalgetränk.

Die Mongolen kennen keine Barmherzigkeit, sie fürchten sich vor nichts, sie glauben an nichts, und sie verehren nichts als ihren König …

Der Chronist Alberich von Trois-Fontaines um 1230

2 d

Der Spion

Fragen über Fragen bleiben zurück, die den damaligen Papst, Innozenz IV., den mächtigsten Mann der Christenheit, in große Unruhe versetzen. Woher stammen die fremden Horden? Werden die Eindringlinge wiederkommen? Bricht bald ein neuer Sturm über das Abendland herein?

Jemand muss sofort in das Land der Mongolen reiten und herausfinden, wie sie leben, woran sie glauben, wie stark sie sind und was sie vorhaben. Ein geeigneter Kundschafter muss her! Ein Spion! Zur Rettung der Christenheit.

Papst Innozenz IV. wählt den italienischen Franziskanermönch Johannes von Plano Carpini aus.

Eine gute Wahl: Der 60-Jährige ist sehr neugierig, geschickt im Umgang mit Fremden und überaus freundlich. Mit seiner gemütlichen Wampe wirkt er außerdem völlig unverdächtig. Vielleicht gelingt es ihm ja, den mongolischen Kaiser zum Christentum zu

Die Fragen des Papstes

Der Papst wollte Antworten auf viele Fragen. Gefragt wurde

1. nach der Herkunft der Mongolen
2. nach der Art ihres Glaubens
3. nach ihren religiösen Vorstellungen und Riten
4. nach ihrer Lebensweise
5. nach ihrer Stärke
6. nach ihrer Anzahl
7. nach ihren Absichten
8. ob sie Verträge einhielten
9. wie sie Gesandte behandelten

Papst Innozenz IV., ein hochgebildeter Jurist, entsendet mehrere Spione, um die Mongolen auszukundschaften. Eine lebensgefährliche Mission, von der nicht alle zurückkehren.

Wir brachen unter vielen Tränen auf, wussten wir doch nicht, ob wir in den Tod oder ins Leben gingen.
Johannes von Plano Carpini

Carpini reitet innerhalb von zwei Jahren quer durch Europa und Zentralasien. Er sieht Gegenden und Völker, von denen die Menschen des Abendlandes noch nie etwas gehört hatten.

bekehren, ihn gar zum Verbündeten gegen die Mohammedaner zu machen? Die Franziskanermönche gelten als gute Missionare.

Ostern 1245 macht sich Carpini, versehen mit einem Brief des Papstes an den Herrscher der Mongolen, von Lyon aus auf die Reise in eine völlig unbekannte Welt. Liegnitz – Krakau – Kiew: Carpini reitet auf der Schneise des Todes. Tagelang, wochenlang, monatelang führt ihn sein Weg durch verwüstete Landstriche. Erschüttert sieht er am Wegesrand die Knochen zahlloser getöteter Menschen wie Abfall auf der Erde liegen. In den zerstörten Dörfern lebt keiner mehr, der sie bestatten könnte. Verbrannte Felder, verbrannte Häuser – der Brandgeruch scheint noch allerorten in der Luft zu liegen. Den wenigen Menschen, auf die Carpini trifft, ist das Leid, das die Mongolen ihnen und ihren Familien angetan haben, ins Gesicht geschrieben. Der fassungslose Mönch fragt sich, was das wohl

Johannes von Plano Carpini in Ordenstracht. Mönche des Franziskanerordens verpflichten sich zur Armut. Sie arbeiten für ihren Lebensunterhalt und legen besonderen Wert auf Seelsorge.

Johannes von Plano Carpini

Johannes wurde um 1182 in Piano di Carpine bei Perugia geboren. Er wurde Franziskanermönch. Den Ordensgründer, den heiligen Franz von Assisi, kannte er persönlich. In Böhmen, Polen, Ungarn, Dänemark und Norwegen trat Johannes eifrig für den Orden ein. Carpini reiste von Ostern 1245 bis November 1247 als Gesandter von Papst Innozenz IV. an den Hof des neuen mongolischen Khans Göjük in der Nähe von Karakorum und verfasste mit seinem Reisebericht zugleich die erste genaue Beschreibung der Mongolen. Als Belohnung für seine Mission ernannte ihn der Papst zum Erzbischof von Antivari in Süddalmatien. Carpini starb am 1. August 1252 in Italien.

für Menschen sind, die fähig sind, anderen so etwas anzutun? Welchem gottlosen Anführer folgen sie? Warum treibt der finstere Herrscher seine Armee immer weiter? Wie groß mag sein dunkles Reich wohl schon sein? Welches Ziel verfolgt er? Und vor allem: Wird er ein zweites Mal über das Abendland hereinbrechen?

Carpini schwört sich: Er wird alles tun, was in seiner Macht steht, damit die Christen in Zukunft von diesen Mörderbanden verschont bleiben. Jeden Tag reitet er bis zur völligen Erschöpfung. Auch als er krank wird, gibt er nicht auf. Auf einem Wagen lässt er sich bei Eiseskälte durch den Schnee in Richtung Osten ziehen. „Weiter, weiter!“, stammelt er auch noch im Fiebertraum. Die mongolischen Kriegspläne auskundschaften! Das muss ihm einfach gelingen. Mit Gottes Hilfe. Amen.

Keiner von denen, die ihn und seine Begleiter nach Osten reiten sehen, glaubt ernsthaft, dass er die kleine Schar jemals wiedersehen wird.

Ein ganzes Jahr ist er unterwegs, da stößt Carpini in Russland auf ein erstes Heerlager der Mongolen. Eigentlich ist es andersherum: Die Mongolen stoßen auf ihn. Unsanft wird er vor den Anführer gezerrt. Der will erst mal angemessene Geschenke überreicht bekommen, bevor er sich mit dem Mönch abgibt. Carpini und seine Begleiter geben fast alles her, was sie entbehren können. Dann erst dürfen sie sagen, was sie wollen. Er sei ein Gesandter des Papstes mit einer Botschaft an den Mongolenkaiser, erklärt der kleine dicke Mann dem fremden Anführer und zückt die päpstlichen Papiere. Ein Blick auf das päpstliche Siegel und einer in Carpinis treuherzige Augen – man glaubt ihm. Begleitet von mongolischen Soldaten darf er zu dem mächtigen Befehlshaber Batu weiterreiten.

Nach über einem Monat gelangen sie zu einer prächtigen Zeltstadt und werden vor Batu geführt. Der Feldherr ist umgeben von schönen Frauen. Wenn er isst – und er isst von goldenen Tellern

Post- und Botensystem

Alle 25 bis 30 Meilen, selbst im Gebirge, stand im Mongolenreich eine Wegstation, in der Reisende Unterkunft, Verpflegung und frische Pferde finden konnten. Es heißt, dass auf den Poststationen des großen Reiches mehr als 200 000 Pferde gehalten wurden. Um diese Stationen betreiben zu konnen, gab es eine Postdienstpflicht, ähnlich dem Militärdienst. Lebensmittel und Pferde für die Kuriere des Khan wurden von der Bevölkerung bereitgestellt: eine drückende Last für die einfachen Leute.

Seit Jahrtausenden weist die Hauptachse der Jurte nach Süden. Für die Wörter rechts–Westen, links–Osten, hinten–Norden und vorn–Süden gibt es im Mongolischen jeweils nur ein Wort.

und trinkt aus goldenen Pokalen –, dann spielen Musikanten für ihn auf. Wenn er reitet, wird ein an einer Lanze befestigtes Sonnenschirmchen über seinen Kopf gehalten. Auch Batu will erst einmal Geschenke. Carpini und seine Begleiter geben auch das Letzte, was sie noch haben, her. Nicht einmal Proviant besitzen sie jetzt noch. In Batus Lager leiden sie daher schrecklichen Hunger. Ein einziges Schüsselchen Hirsebrei ist alles, was sie in den vier Tagen in Batus Lager zu essen bekommen.

Der mächtige Batu entscheidet, dass Carpini zum Großkhan reiten soll, um ihm das päpstliche Anliegen direkt vorzutragen. Mongolische Bewacher sollen ihn und einen Begleiter tausende Meilen lang ins weit entlegene Steppenland bis an den Hof des mongolischen Großkhans geleiten. Kann man ihnen trauen? Was, wenn die Bewacher ihm gleich im nächsten Wäldchen hinterrücks die Kehle durchschneiden? Was, wenn sie ihn ausrauben, ihm sein Pferd abnehmen und ihn hilflos in der Steppe zurücklassen? Und wenn sie all das Schreckliche nicht tun und Carpini wie durch ein Wunder tatsächlich zum großen Khan gelangt: Wie wird der Mongolenkaiser den Gesandten aufnehmen? Wie wird er ihn behandeln? Carpini bleibt nichts anderes übrig, als auf Gott zu vertrauen.

Viele Wochen lang muss Carpini jeden Morgen früh aufstehen und dann nach einem hastigen Frühstück mit knurrendem Magen bis tief in die Nacht durchreiten. Immer hat er Hunger. Der Hunger wird sein ständiger Begleiter. Doch der Franziskanermönch staunt, wie schnell sie vorankommen.

Alle fünf Galoppstunden befinden sich überall im Mongolenreich Poststationen, wo Boten und Reisende frische Pferde oder Rennkamele bekommen können.

Bis zu fünf Pferdewechsel täglich, nur selten eine Rast – schon bald ist die endlos scheinende Steppenlandschaft der Mongolei erreicht. Außer Gras wächst hier nichts. Statt Holz nimmt man Tierdung als Brennmaterial. „Das Land ist noch viel wertloser, als ich ausdrücken könnte“, notiert Carpini in seinem Spionagebericht.

Das Wetter lädt auch nicht gerade zu einem längeren Aufenthalt ein.

Batu Khan. Er wurde auch „Batu der Prächtige“ genannt. Der Enkel Dschingis Khans war nach dem Kaiser der mächtigste Mann im Mongolenreich.

Es gibt entsetzliche Sandstürme mit so eiskalten, schneidenden Winden, dass die Gruppe mit ihren Pferden manchmal kaum vorwärts kommt. Dann liegen sie von der Gewalt des Windes niedergedrückt auf der Erde und können vor Staub ihren Nebenmann nicht mehr sehen. Es hagelt oft, und nachts sinkt die Temperatur auf minus 20 Grad.

Oft müssen sie bei dieser durch Mark und Bein gehenden Kälte draußen schlafen, was Carpini, der ein solches Lagerleben nicht gewohnt ist, schwer zu schaffen macht. Tagelang bekommt die Gruppe keine Menschenseele zu Gesicht. Aber gelegentlich treffen sie auf Nomaden, die in runden Filzzelten – Jurten – wohnen.

Sie leben von der Viehzucht. Ackerbau wie die Menschen in Carpinis Heimat betreibt hier niemand. Das lässt die Natur nicht zu. Ihre Kamele, Rinder, Schafe und Ziegen weiden die Nomaden in der kargen Steppe. Wenn die Weideplätze abgegrast sind, packen sie ihr Hab und Gut zusammen, verladen alles auf einen Wagen und ziehen weiter. Ein hartes Leben.

Wie ist es bloß möglich, dass dieses genügsame, einfache Hirtenvolk zum Schrecken der ganzen Welt wurde?, fragt sich Carpini kopfschüttelnd. Er mag diese zähen, bescheidenen Menschen der Steppe, gesteht er sich fast widerwillig ein. Er hat große Achtung davor, dass sie sich von der rauen Natur nicht unterkriegen lassen. Er genießt es, wenn er von ihnen in ihre Zelte eingeladen wird, in denen es

Jurten dürfen nicht zu groß sein und sind möglichst flach, damit der stürmische Steppenwind sie nicht umblasen kann.

Die Mongolei nach Carpinis Bericht

„Das Tatarenland ist zu einem Teil überaus gebirgig, zum anderen eben; fast überall aber besteht es aus meist sandigem Kies. In einem Teil des Landes gibt es einige nicht allzu große Wälder, der Rest aber ist ganz ohne Holz. Die Tataren kochen ihre Speisen, und der Kaiser sitzt ebenso wie die Fürsten und alle anderen am Feuer, das vom Mist der Rinder und Pferde genährt wird. Das Land ist kaum zum hundertsten Teil fruchtbar, und es kann auch keine Frucht tragen, wenn man nicht Flusswasser darauf leitet; doch es gibt dort nur wenige Bäche … Das Tatarenland ist noch viel wertloser, als ich ausdrücken könnte."

Die Jurte

Noch heute leben die Mongolen in ihren typischen Zelten, die Ger oder Jurte genannt werden. Sie können in kurzer Zeit auf- und abgebaut werden, früher führte man auch die ganze Jurte auf einem Wagen mit sich. Die Jurte besteht aus fünf faltbaren Wandgittern, die im Kreis aufgestellt werden. Darüber werden Filzdecken ausgebreitet. Oben lässt man eine Öffnung, durch die der Rauch des Herdfeuers in der Mitte der Jurte abziehen kann. Der Türrahmen ist immer nach Süden ausgerichtet, denn das ist die heilige Himmelsrichtung der Mongolen. Links in der Jurte sitzen die Frauen, rechts die Männer.

so unwiderstehlich nach gekochtem Hammelfleisch duftet. Er liebt ihre sehnsuchtsvollen Lieder. Sie singen oft und gern, auf eine ganz fremde und melodische Weise. Abends, am prasselnden Feuer der Jurte, wenn man durch die Öffnung für den Rauch die Sterne sieht, fühlt er sich in ihrer Mitte geborgen. Jeden Tag lernt er mehr über ihre Sitten und Gebräuche. „Auf Weissagungen, Prophezeiungen, Opferschauen, Zauberei und Beschwörungen geben sie sehr viel“, stellt Carpini befremdet fest. Aber ihm gefällt, wie sie mit ihrem Vieh umgehen, das genauso zäh und genügsam wie seine Besitzer ist. Kamele, Schafe und die ausdauernden, struppigen Pferde finden selbst dann noch Steppengras zu fressen, wenn es unter einer eisigen Schneedecke verborgen ist. Die Menschen bilden mit ihren Tieren eine Schicksalsgemeinschaft. Lebt das Vieh, lebt auch der Mensch. Stirbt das Vieh, ist auch das Leben des Menschen bedroht. Die Nomaden beschützen und versorgen ihre Tiere aufopferungsvoll. Die kleinsten Lämmer, die der Kälte noch nichts entgegensetzen können, nehmen sie nachts mit in ihre Jurte, um sie zu wärmen. Carpini fällt auf, dass die Frauen die meiste Arbeit erledigen. „Die Männer arbeiten überhaupt nicht – sie achten nur ein klein wenig auf die Herden –, stattdessen jagen sie und üben sich im Bogenschießen“, notiert er in seinem Reisebericht.

Unten links: Wenn ein Sonnenstrahl durch den Rauchfang in die Jurte fällt, kann ein Mongole an seinem Stand ganz genau die Uhrzeit ablesen – wie bei einer Sonnenuhr.

Rechts: Eine Nomadenfamilie hat die Jurte auf einen Karren gepackt und ist auf der Suche nach einem neuen Weideplatz.

3

Die Nomaden

Das ganze Leben der Nomaden wird von ihrem Vieh bestimmt. Das ist heute nicht anders als vor hunderten von Jahren. Mit ihrem Vieh ziehen die Hirten von Weideland zu Weideland. Die Nomaden achten und lieben die Natur: den Himmel, die Steppe, die Berge und die Flüsse. In vielen Liedern drücken sie ihre große Verehrung für sie aus.

Nasanbayar, ein mongolischer Kinderarzt, der heute in Deutschland lebt, wuchs als Kind mit seinen Eltern und seinen Geschwistern in einer Jurte auf.

Er ist das sechste von insgesamt neun Kindern. Schon früh müssen die Nomadenkinder ihren Eltern zur Hand gehen, erzählt er. Wenn sie noch klein sind, etwa mit vier Jahren, gehört es zu ihren Pflichten, den Dung der Tiere einzusammeln. Tierdung wird auch heute noch zum Feuermachen verwendet.

Wenn sich die Tiere der Herde zu weit vom Lager entfernen, dann werden die Kinder losgeschickt, um sie zurückzuholen.

Mit sechs, sieben Jahren müssen die Nomadenkinder dann schon allein auf die Viehherden aufpassen. 13 bis 14 Stunden am

Die Mongolei heute

Die Mongolei ist etwa viereinhalb Mal so groß wie Deutschland. In dem weiten Land leben gerade mal so viele Menschen wie in Schleswig-Holstein. Damit ist die Mongolei das am dünnsten besiedelte Land der Welt. Nur zehn Prozent der Landesfläche ist bewaldet, der Rest besteht aus Bergen, Steppe und Wüste. Auf nur einem Prozent der Fläche kann Landwirtschaft betrieben werden. Die Mongolei grenzt im Norden an Russland und im Süden an China an. Während ihrer Geschichte stand sie lange Jahre unter dem Einfluss der beiden Länder. Seit 1924 ist die Mongolei unabhängig, stand bis 1990 aber noch unter dem Einfluss Moskaus. In dieser Zeit wurde die nomadische Lebensweise unterdrückt. Heute leben die meisten Menschen entweder in den drei großen Städten des Landes, vor allem in der Hauptstadt Ulan-Bator, oder wie zu Dschingis Khans Zeiten als Nomaden, die mit ihren Tieren durch die Steppe ziehen.

Wasser ist in der Steppe ein kostbares Gut.

Oben: Nasanbayars Familie mit Nachbarn

Steckbrief Nasanbayar

Nasanbayar Bodigerel wurde am 1. Juni 1968 in der mongolischen Steppe geboren. Er machte in Ulan-Bator eine Ausbildung zum Kinderarzt. Heute lebt er in Deutschland. Er ist verheiratet und hat zwei Kinder.

Tag bleiben die Kinder mit der Herde allein in der Steppe. Im Winter bei Temperaturen von minus 30 Grad. Jedes Nomadenkind weiß: Man darf die Tiere nie aus den Augen lassen. Zu zahlreich sind die Gefahren, denen sie ausgesetzt sind. Wilde Tiere sind Tag und Nacht auf der Suche nach Nahrung. Nasanbayar hat miterlebt, wie ein Adler vom Himmel stürzte und ein Lämmchen aus seiner Herde riss. Das kleine Tier zappelte und schrie verzweifelt nach seiner Mutter. Nasanbayar warf Steine nach dem Adler und rief seine Familie herbei. Aber sie konnten nichts tun: Der Raubvogel verschwand mit seiner Beute auf Nimmerwiedersehen in den Lüften.

Am meisten Schaden richten jedoch Wölfe in den Herden an. Darum muss auch nachts immer jemand bei den Tieren sein. Wenn mitten in der Nacht die Schafe in Todesangst durcheinanderrennen und die Menschen von ihren Schreien aus dem Schlaf gerissen werden, dann ist es mal wieder so weit: Wölfe sind in die Herde eingebrochen. Die ganze Familie muss dann raus aus der Jurte, um die Herde zu beschützen. Sie machen Lärm, um die Wölfe zu vertreiben. Alle schreien durcheinander. Die Schafe blöken in Todesangst, die ganz kleinen Kinder weinen. Kalt ist es und schrecklich finster. Als Nasanbayar klein war, hatten sie noch nicht mal Taschenlampen, um sich in der Dunkelheit zurechtzufinden, nur Kerzen. Und die löschte der Wind immer wieder aus. Bis zum Morgen bleibt die ganze Familie draußen, keiner denkt an Schlaf. Wenn nur kein Tier zu Schaden gekommen ist! Doch am anderen Tag müssen sie leider jedes Mal feststellen, dass die Wölfe trotz allem ein oder zwei Lämmer gerissen haben. Ein großer Verlust für die Familie.

Der ganze Tagesablauf der Nomaden, vom Aufgang der Sonne bis in die tiefe Nacht hinein, wird vom Vieh bestimmt. Die Arbeit nimmt nie ein Ende.

Das Herz der Familie ist Nasanbayars Mutter Donoi. Schon in der Morgendämmerung steht sie auf. Bei Temperaturen von minus 20 Grad – oft wird es auch noch kälter – entfacht sie das Feuer in der Jurte und bereitet für alle das Frühstück. Danach geht sie zum Melken. Frühmorgens und noch ein zweites Mal am Abend werden die 200 Kühe gemolken, mittags gegen 12 Uhr die 400 Schafe, alle zwei Stunden die 70 Stuten. Stutenmilch ist sehr nahrhaft. Die Nomaden verarbeiten sie zu Airag – vergorener Stutenmilch –, was sehr aufwendig ist. Alle Familienmitglieder müssen dabei mithelfen. Die Stutenmilch wird in ein Fass gegeben und von Hand mit einem großen Holzstab etwa 4 000 Mal kräftig hin und her gestoßen. Das dauert viele Stunden. Gegorene Stutenmilch ist das beliebteste Getränk bei den Mongolen, es schmeckt ein bisschen wie Bier. Meist fängt Nasanbayars Mutter mit dem Stoßen an, und später machen die anderen Familienmitglieder weiter.

Nasanbayars Vater war sehr schüchtern, als er sich in seine Frau verliebte. Um ihr seine Zuneigung zu zeigen, schenkte er ihr einen Mantel und ein Tuch.

Nahrungsmittel der Mongolen

Im Winter, wenn es kalt ist und die Tiere weniger Milch geben, leben die Nomaden vor allem von Fleisch, das man in der Eiseskälte einfrieren lässt oder das in Streifen geschnitten in der Jurte hängt und dort getrocknet wird. Aus dem getrockneten, zu Pulver gemahlenen Fleisch kann man eine Brühe bereiten – davon ernährten sich auch die Mongolenkrieger auf ihren langen Eroberungszügen. Im Sommer und Herbst isst man vor allem Milchprodukte. Käse heißt Bjaslak, die gegorene Stutenmilch Airag, Joghurt Tarag, Milch heißt Su, und Brot nennt man Talch.

Meine Mutter hat oft gesagt: „Zum Glück hat Gott uns die Nacht gegeben. So können wir uns ausruhen.“

Nasanbayar Bodigerel

„Frauen“, sagt Nasanbayar, „arbeiten in der Mongolei mehr als Männer.“ In diesem Punkt hat sich seit Carpinis Spionagereise also nichts geändert.

Wenn sie sich nicht gerade um die Tiere kümmern muss, erledigt die Mutter mithilfe ihrer Töchter den Haushalt. Alle Lebensmittel werden zu Hause hergestellt.

Die Wäsche der elfköpfigen Familie waschen sie in einer Badewanne. Das Wasser wird über der Feuerstelle in der Jurte erhitzt. Die nassen Sachen werden an einer Leine in der Jurte aufgehängt.

Am meisten Arbeit aber machen die Tiere. Nasanbayars Mutter hat jedem Tier der Familie einen Namen gegeben. Sie kann all ihre 400 Schafe und die 70 Pferde auseinanderhalten, kennt jedes Tier beim Namen und kennt auch ganz genau seine Eigenschaften. In den großen Herden von Nasanbayars Familie tritt so manche ernste Situation auf. Immer weiß Nasanbayars Mutter Rat. Manchmal zum Beispiel stirbt ein Schaf bei der Geburt, und das neugeborene Lamm bleibt allein zurück. Das Kleine braucht mehrmals am Tag Milch, und jemand muss sich ständig um das Tier kümmern. Die Zeit hat die Mutter bei ihrer vielen Arbeit jedoch nicht, und auch der Rest der Familie hat genug andere Dinge zu tun. Aber wenn niemand für das

Rechts: Hier wird Sahne hergestellt. Trockene Sahne wird den Kindern gern als Schulbrot mitgegeben.

Damit man Stuten melken kann, setzt man zunächst für kurze Zeit ein Fohlen an den Zitzen an. Erst danach schießt die Milch heraus.

Nasanbayar hat zwei Ziegen unter der Jacke, die gefüttert werden wollen. Die Lämmer saugen die Milch durch das Horn.

Die Saiten der Pferdekopfgeige bestehen aus Pferdehaaren.

Lämmchen sorgt, dann muss es sterben. Darum sucht Nasanbayars Mutter für das Jungtier eine neue Mutter unter ihren Mutterschafen aus, eine Adoptivmutter sozusagen. Leicht ist eine Adoption nicht zu bewerkstelligen: Die anderen Muttertiere haben eigene Kinder zu versorgen und stoßen fremde Lämmer weg. Warum sollten sie sich eines Waisenkindes annehmen? Nasanbayars ganze Familie muss helfen, damit die Adoption gelingt. Sie bringen Adoptivschafmutter und Lämmchen auf einer grünen Wiese zusammen. Zuerst zeigt das Mutterschaf kein Interesse an dem Kleinen und stößt es weg, wenn es trinken will. Dann fängt Nasanbayars Mutter an zu singen. Sie singt eine Melodie mit speziellen Worten, die sie bereits von ihrer Mutter gelernt hat. Ständig wiederholt sie ihr Lied. Nasanbayar und seine Geschwister streicheln währenddessen das Muttertier. Das Jungtier bekommt Salz hinter die Ohren und auf die Stirn gestrichen. Das schleckt das neue Muttertier gerne ab. Das Kleine nimmt so ihren Geruch an und wird ihr damit vertrauter. Alle reden dem Muttertier gut zu, das Kleine anzunehmen. Manchmal, in besonders schwierigen Fällen, kommen auch noch Musiker auf der Weide hinzu, die Flöte, Harfe oder Pferdekopfgeige spielen. Sie wissen, wenn sie das Herz der Mutter rühren, dann nimmt sie das Kleine als ihr eigenes Kind an. Und immer, jedes einzelne Mal, schafft es Nasanbayars Mutter zu guter Letzt, dass das Mutterschaf das hungrige Waisenkind wie ihr eigenes Kind annimmt und großzieht. Am Ende der geheimnisvollen Zeremonie lässt das Muttertier das Kleine geduldig saugen.

Worte bei der Adoption

Bei allen Tieren werden bei der Adoptionszeremonie bestimmte Worte gesungen.
Bei Schafen: Toig, Toig, Toig
Bei Ziegen: Chaig, Chaig, Chaig
Bei Kühen: Ouv, Ouv, Ouv
Bei Kamelen: Toor, Toor, Toor

Mongolisches Rätsel

Es war einmal ein Schwarm Gänse. Eine fremde Gans kam ihnen entgegen und sagte: „Ich grüße euch, ihr hundert Gänse." Da erwiderte eine Gans aus dem Schwarm: „Wir sind doch nicht hundert. Wenn du unsere Zahl verdoppelst, dann die Hälfte von uns und davon noch einmal die Hälfte hinzurechnest, erst dann werden wir mit Euch, Verehrteste, dazugerechnet hundert sein." Wie groß war die Gänseschar?

Von morgens früh bis abends spät dauert der Arbeitstag der Nomaden. In klirrender Kälte und furchtbarer Hitze. Kein freier Tag, kaum einmal eine freie Stunde – vor allem im Frühling und Sommer, wenn die Tiere Junge haben und gemolken werden müssen. Nasanbayars Mutter ist eine sehr kluge Frau. Obwohl sie nie zur Schule gehen durfte, erkennt sie, dass Schulbildung der einzige Weg ist, diesem harten Leben zu entkommen.

Sie schickt alle ihre Kinder zur Schule, auch wenn ihr eigenes Leben dadurch noch mühsamer wird, da die helfenden Hände der Kinder fehlen. Als Nasanbayar neun Jahre alt ist, trägt ihn sein Pferd zum ersten Mal in die 50 Kilometer entfernte Schule. Acht Stunden brauchen sie für die Strecke. Im Winter ist das sehr hart. Bei minus 30 Grad, die Schultasche auf dem Rücken, reiten sie durch die Steppe. So eine weite Strecke können auch Mongolenkinder nicht jeden Tag reiten. Also kommen sie nur noch in den Ferien zurück zu ihren Eltern. Sie wohnen während der Schulzeit in festen Häusern im Internat. Nasanbayar sehnt sich oft nach der Steppe. Ganz besonders nach seinen Lieblingstieren, den Pferden. Wie oft ist er mit seinem Bruder Bold zu den Wildpferdeherden geritten! Die beiden Jungen haben die Pferde eingefangen und zugeritten. Bold hielt das eingefangene Pferd immer an den Ohren fest, und Nasanbayar sprang auf den Rücken des Pferdes. Sobald der Bruder das Pferd losließ, versuchte es wütend, den Reiter loszuwerden. Aber Nasanbayar blieb fast immer oben. Ganz besonders vermisst Nasanbayar im Internat seine Mutter, die den Kindern abends am Feuer der Jurte Märchen erzählt und Rätsel aufgegeben hat. Nasan lag dann zwischen seinen Geschwistern und sah durch die Rauchöffnung die Sterne funkeln.

Nasanbayar und seine Geschwister haben im Internat immer fest zusammengehalten. Auch heute besuchen sie sich regelmäßig, obwohl sie weit voneinander entfernt leben.

4

Temudschin

Das harte Leben der Nomaden lernt auch Johannes von Plano Carpini auf seiner langen Reise kennen.

Auf dem Weg zum Mongolenkaiser erfasst der Spion des Papstes zu seinem Erstaunen, dass dieses genügsame, zähe Hirtenvolk in nur 40 Jahren ein Weltreich errichtet hat. Es umfasst halb Eurasien. Es reicht von Russland über Tibet bis nach China. Ganz Zentralasien ist unterjocht. Auch arabische Länder wie Persien und das heutige Afghanistan gehören dazu.

Wie konnte das gelingen?, fragt sich der Mönch. Wer hat die Kämpfer ausgebildet und auf den Weg geschickt? Wer hat diese verstreut und einsam lebenden Menschen zu einem geschlossenen, listenreichen und grausamen Heer verschweißt? Die Frage lässt ihn nicht mehr los. Eines Tages stößt der Mönch auf die Antwort. Ein

Alte Menschen sind reich an Erfahrung. In der Mongolei stehen sie daher in hohem Ansehen.

Alle Menschen lebten in Feindschaft miteinander. Sie kamen nicht in die Betten, sondern raubten sich gegenseitig die Habe. Man lebte nicht in Liebe, sondern in gegenseitigem Umbringen.

Geheime Geschichte der Mongolen

Mongolenkinder können oft schon reiten, bevor sie laufen können. Manche reiten besser als Erwachsene, meinen die Mongolen.

Nomade verbeugt sich vor seiner Jurte an einem kleinen Altar vor dem Bildnis des Mannes, der den Mongolensturm entfesselt hat. Die Mongolen verehren ihn wie einen Gott. Sein Name: Dschingis Khan. Erst 19 Jahre ist der große Kaiser der Mongolen zum Zeitpunkt von Johannes' Spionagereise tot.

Der Franziskanermönch ahnt, dass der Mann auf dem Bildnis der Schlüssel zum Verständnis der kämpfenden Mongolenhorden ist. Er hört sich überall im Lager um, was die Leute über ihn wissen. Eine alte Frau hat Dschingis Khan noch gekannt, als er ein Junge war. Nach getaner Arbeit will sie ihm nur zu gern alles berichten, was sie über ihn weiß – alle Mongolen lieben es, Geschichten zu erzählen. Abends, am Feuer der Jurte, lauscht Carpini dann gebannt Dschingis Khans Lebensgeschichte. Er merkt sich jedes Wort.

„Temudschin war ein Knabe mit Feuer in den Augen und Glanz im Gesicht", beginnt die Alte ihre Geschichte. Und als sie Carpinis fragende Augen sieht, erklärt sie: „Temudschin? So hieß er als Kind: Temudschin – der Eiserne. Erst später erhielt er den Namen Dschingis Khan. Schon bei seiner Geburt sagten alle: ‚Aus dem wird mal ein großer Krieger!' Denn Temudschin hielt einen Blutklumpen in der Hand, groß wie ein Edelstein. Das war das Zeichen vom Himmel. Vor diesem Kind lag eine große Zukunft.

Die Geheime Geschichte

Die Geheime Geschichte der Mongolen ist das wichtigste Buch über Dschingis Khans Leben. Es wurde wohl von Ögedei, Dschingis Khans Sohn und Nachfolger, in Auftrag gegeben. Der Autor ist unbekannt. Es beschreibt den Aufstieg des Häuptlingssohns Temudschin zum ersten Großkhan der Mongolen und erzählt, wie es Dschingis Khan gelang, im Lauf von 50 Jahren aus dem Nichts das größte Landreich der Menschheitsgeschichte zu errichten. Das Buch zeigt, dass der Herrscher gerecht und großzügig, aber auch entsetzlich grausam sein konnte.

In Nomadenfamilien müssen auch die Kinder mithelfen. Die Jungen helfen dem Vater, die Mädchen der Mutter.

Temudschins Vater Jesügai war ein Häuptling. Zu seiner Zeit waren alle Mongolenstämme untereinander zerstritten. Rau waren die Sitten. Keine Familie, keine Jurte, keine Viehherde war sicher. Viele Räuberbanden zogen plündernd und mordend durch das Land.

Jesügai war ein guter Anführer. Wer in sein Lager kam, den beschützte er vor den gewissenlosen Dieben. Darum schlossen sich viele Stämme ihm an und leisteten ihm den Treueid. Sorglos war daher Temudschins Kindheit. Sein Vater brachte ihm Reiten und Bogenschießen bei. Jesügei war stolz auf seinen Sohn, als er sah, wie geschickt sich Temudschin bei der Falkenjagd anstellte. Seine Mutter erzählte ihm viele Geschichten. ‚Mein Sohn ist mit den Gaben des Geistes gesegnet!', freute sie sich, als sie erkannte, wie klug Temudschin war. Mit seinen Freunden spielte er im Sommer in der Steppe und im Winter auf dem zugefrorenen Onon-Fluss. Sein bester Freund war Dschamucha. Unzertrennlich waren die beiden. Wo Temudschin war, da war Dschamucha nicht fern. Oft sah man sie im wilden Galopp durch die Steppe reiten. Sie übten sich auch eifrig im Ringkampf. Bald konnten sie weit besser kämpfen als die anderen Kinder ihres Alters. Wer sich mit einem von ihnen anlegte, der bekam es mit beiden zu tun. Sie ließen sich nichts gefallen. Dschamucha schnitzte für Temudschin Pfeile, indem er aus

Schwurbrüder

Schwurbrüder bildeten einen festen Freundschaftsbund. Ihren Treueschwur erneuerten sie im Laufe ihres Lebens mehrmals. Dabei wurden stets Geschenke ausgetauscht. Schwurbrüder bildeten eine unverbrüchliche Einheit. Sie sollten sich nie im Stich lassen und sich gegenseitig helfen – selbst unter Einsatz ihres Lebens.

den Hörnern von Rindern die Spitzen schnitzte. Vorsichtig machte er Löcher in die messerscharfen Hornspitzen. Mit solchen Pfeilen konnte man Wölfe durchbohren. Temudschin freute sich über alle Maßen über das nützliche Geschenk. Er überraschte den Freund mit Pfeilen aus dem seltenen Zypressenholz. Die flogen weiter als andere Pfeile. Man konnte mit ihnen einen Raubvogel hoch oben in der Luft treffen. Dschamucha hütete sie wie einen kostbaren Schatz. Dschamucha und Temudschin wurden zu Schwurbrüdern.

Am heiligen Onon besiegelten sie mit einigen Tropfen Blut ihren Bund: ‚Was auch immer geschieht, wir werden uns beistehen! Unser ganzes Leben lang werden wir Brüder sein!' Das versprach Temudschin Dschamucha und Dschamucha versprach es Temudschin.

Als Temudschin neun wurde, ritt sein Vater Jesügei, wie es Sitte ist, mit ihm auf Brautschau. Der Häuptling wählte die 10-jährige Börte aus. Ein wunderschönes Mädchen. Eine gute Wahl. Temudschin blieb bei Börte und ihren Eltern, um sie besser kennenzulernen, und Jesügei ritt zurück zur Familie. Doch in der Steppe stieß der Vater auf seine Mörder. Es waren Tataren, die ihn freundlich zum Essen einluden. ‚Ach Jesügei, komm, iss mit uns. Wir haben ein Festmahl für dich bereitet. Wir stoßen auf unsere Freundschaft an! Das kannst du uns nicht verweigern!'

In Europa nannte man die Mongolen irrtümlicherweise Tataren. Die Tataren waren ein von Dschingis Khan besiegter Stamm. Die Verwechslung kam dadurch zustande, dass die Tataren in der Schlacht immer in der ersten Reihe kämpfen mussten.

Jesügei hatte von den Tataren vor langer Zeit Vieh und Pferde geraubt. Anscheinend vergeben und vergessen, denkt er. Aber da kennt er die Tataren schlecht. Rache! Rache ist alles, wonach sie verlangen. Heimlich mischen sie Jesügei Gift in die Stutenmilch, die Airag. Jesügei vergisst, dass man vorsichtig sein muss, dass man nur essen sollte, wovon der Gastgeber zuvor gekostet hat. Durstig macht er sich über die Stutenmilch her. Elend geht er daran zugrunde. Sein letztes Wort ist ‚Temudschin'.

Temudschin wurde zurückgeholt. Er musste jetzt seiner Mutter beistehen, musste helfen, Essen herbeizuschaffen für die drei jüngeren Brüder und seine kleine Schwester, die noch ein Wiegenkind war. Denn die Gefolgsleute des Vaters zogen mit all ihrem Vieh davon.

Bogenschießen ist neben dem Ringkampf und dem Pferderennen ein Teil des traditionellen alljährlichen Naadam-Festes. Die Bogen sind heute fast noch genauso wie zur Zeit Dschingis Khans.

Verzweifelt versuchten Temudschin und seine Mutter, sie aufzuhalten. Alles vergebens. Sie suchten sich lieber einen neuen starken Anführer. Temudschin weinte bittere Tränen, als auch sein Freund Dschamucha mit seiner Familie wegging. ‚Ich werde immer dein Freund bleiben!', versprach Dschamucha beim Abschied. ‚Wir werden uns wiedersehen.'

Nur einige Witwen mit Kindern, ein paar Greise und wenige treue Diener blieben im Lager zurück. Die Armen! Ohne Schutz und Hilfe den langen, kalten Wintern und den durchziehenden Räuberbanden ausgeliefert.

Aber Ho'elun, Temudschins Mutter, war nicht nur sehr schön. Sie war auch sehr klug und hatte ein mutiges Herz. Sie zog mit den anderen Frauen in die Steppe und sammelte wilde Zwiebeln, Wacholderbeeren, Haselnüsse und was die Steppe ihnen sonst noch hergab für ihre hungrigen Kinder. Temudschin, ein guter Junge, ein gehorsamer Sohn, half da, so gut er konnte. Manchmal gelang es ihm, etwas zu erjagen, kleine Tiere, Steppenmäuse zum Beispiel oder Vögel. Geschickt bog er sich Angelhaken zurecht und fing Fische. Aber häufig musste die vaterlose Familie hungern, und Temudschins kleine Schwester weinte sich in den Schlaf. Denn das wenige, was Temudschin erjagen konnte, wurde ihm allzu oft von einem aus dem eigenen Lager gestohlen: von seinem älteren Halbbruder Bekter. Und Temudschin musste hilflos zu-

Familie, Lager, Sippe, Stamm

Die Bewohner einer Jurte bildeten zusammen eine Familie. Auch die Diener wurden zur Familie gezählt. Mehrere Familien zusammen bezeichnete man als ein Lager. Das Lager besaß gemeinschaftliche Herden und teilte sich alle Arbeit. Wenn sich zwei oder drei Lager zusammentaten, sprach man von einer Sippe. In unsicheren Zeiten schlossen sich viele Sippen zu einem großen Stamm zusammen, der von einem Khan angeführt wurde. Der Zusammenhalt der Stämme war jedoch locker. Häufig verließen die Sippen den Stamm wieder, wenn sie sich unter einem anderen Anführer größere Vorteile versprachen.

sehen. Das Gesetz der Steppe ist unerbittlich: Der Stärkere nimmt sich, was ihm gefällt.

Wenn ich erst groß bin!, sagte sich Temudschin wohl tausend Mal, wenn ihm wieder einmal die heißen Tränen übers Gesicht rannen, dann wirst du dafür bezahlen, Bekter! Und Wut und Hass verdüsterten das Gemüt des Jungen wie schwarze Wolken das Altai-Gebirge."

„Wie wendete sich Temudschins Schicksal?", fragt Carpini neugierig, „was veränderte sein schweres Los?"

„Ein Mord!", bekommt er zur Antwort. „Ein Brudermord!" Und am Feuer der Jurte wird es still, als die alte Frau von der Zeit erzählt, als Temudschin 14 Jahre alt und kräftig geworden war.

„Temudschin hatte einen großen, glänzenden Fisch aus dem Onon gezogen. Wie freute sich der Junge! Vier Tage können wir davon satt werden. Vier Tage ohne Hunger! Aber da kam Bekter, sein verhasster Halbbruder, und entriss ihm mit Gewalt, was doch Temudschin aus dem Fluss gezogen hatte. Und nun war es genug! Temudschin und sein jüngerer Bruder Chasar stürmten ihm hinterher und schossen Pfeile auf den Halbbruder ab, von vorne und von hinten, wie bei einem Scheibenschießen, bis Bekter tot am Boden lag. Als Temudschins Mutter davon erfuhr, war sie verzweifelt.

Die Männer aus der Sippe von Bekters Mutter werden kommen und Bekter rächen, dachte sie. Temudschins Leben ist in Gefahr!

Und da kamen sie auch schon herangaloppiert, viele Krieger, bewaffnet bis an die Zähne. Temudschin floh in einen Wald hoch oben im Gebirge, verbarg sich im Dickicht und rührte sich nicht von der Stelle, während seine Verfolger den Wald umstellten. Neun Tage hielt er es ohne Nahrung aus – dann verließ er sein Versteck, und sie konnten ihn schließlich doch noch gefangennehmen. Tag und Nacht bewachten sie ihn. Eine schwere Holzfessel legten sie um seinen Hals. In den Wochen seiner Gefangenschaft lauerte Temudschin wie ein Raubtier vor dem Sprung auf eine Gele-

In der Mongolei werden Berge, Quellen und Flüsse als heilige Orte, die unter dem Schutz der Geister stehen, verehrt.

genheit zur Flucht. Und dann, eines Abends, als seine Wächter ein Fest feierten und nur ein schwächlicher junger Mann auf den Gefangenen aufpasste, da warf er sich mit dem vollen Gewicht seiner Holzfessel auf diesen Schwachen und entkam im Dunkel der Nacht. Und von Stund an wusste er: Ich kann meinen Kopf aus jeder Schlinge ziehen. Ich werde die Stämme anführen. Ich werde wie mein Vater ein großer Anführer sein.

Das Schandkragenholz erschwerte Temudschins Flucht. Er versteckte sich in einem nahe gelegenen Fluss, bis die Bewacher die Suche nach ihm aufgaben.

Temudschin war zum Mann geworden, stark, geschickt, klug und obendrein ein vortrefflicher Bogenschütze. Auf 300 Meter Entfernung traf er sein Ziel. Er ließ sich nun nichts mehr bieten. Pferdediebe, Räuber, Feinde seines Stammes – er jagte sie alle davon.

Seine Abenteuer sprachen sich an den Lagerfeuern herum. Die Menschen mochten ihn. Gefolgsleute fanden sich zu ihm. Temudschin konnte jetzt endlich seine Verlobte Börte heiraten.

Sechs Jahre hatte sie Tag für Tag sehnsüchtig auf seine Rückkehr gewartet. Und jetzt war er endlich gekommen. Zur Hochzeit erhielt Temudschins Mutter von Börtes Eltern einen einzigartigen schwarzen Zobelpelz. Ein wahrhaft kostbares, edles Stück. Als Temudschin mit der Hand durch den seidenweichen Pelz fuhr, spürte er, wie sein Herz schneller klopfte. Jetzt waren sie nicht mehr arm. Die bitteren Jahre waren vorbei. Und er würde dafür sorgen, dass sie nie wieder Not leiden mussten.

‚Mutter, gib mir das wertvolle Geschenk!' Die Mutter erkannte, dass er einen Plan hatte, und sie vertraute ihm. ‚Nimm ihn, mein Sohn, und tu damit, was dir gefällt!', sagte sie und überließ ihm den Zobelpelz.

Am nächsten Tag ging Temudschin zu dem mächtigen To'oril Khan, Fürst des Stammes der Kere'it. Dieser Fürst war einst der Schwurbruder von Temudschins Vater gewesen. Freundlich hieß er Temudschin bei sich willkommen. Temudschin schenkte ihm den prachtvollen Zobel. Zum Dank gab ihm der Fürst das Versprechen, ihm zur Seite zu stehen, sollte Temudschin eines Tages seine Hilfe brauchen. Und das war es, was Temudschin dringender brauchte als einen Pelz: einen mächtigen Verbündeten.

Nur wenige Tage später stand die alte Dienerin der Familie bei Morgendämmerung aufgeregt in der Jurte: ‚Steht auf!', rief sie. ‚Steht ganz schnell auf! Die Erde bebt. Ein Lärm wie vom Donner ist zu hören.' Krieger vom Stamm der Merkit näherten sich in rasendem Galopp. Und sie raubten Temudschin seine frisch angetraute Frau Börte. Ja, so waren die Zeiten damals: Temudschins Vater hatte seine Mutter von den Merkit geraubt. Jetzt übten die Merkit Rache und nahmen Temudschin das Liebste, was er auf dieser Welt hatte.

Temudschin und seine Leute waren nicht stark genug, um allein gegen die Merkit-Krieger vorzugehen. Im gestreckten Galopp ritt Temudschin zu dem mächtigen To'oril Khan und bat ihn um Hilfe. Und der Fürst löste das gegebene Versprechen ein.

‚Als Dank für den Zobelpelz will ich dir deine Börte wieder herschaffen, und wenn wir sämtliche Merkit vernichten müssten', sagte er. ‚Ich werde mit 20 000 Mann ins Feld ziehen!' Nur 20 000 Mann? Das waren nie und nimmer genug Krieger im Kampf gegen die Merkit. Ich muss Dschamucha finden!, beschloss Temudschin da. Mein Schwurbruder muss mir jetzt helfen! Temudschin sandte Boten aus. Sie sollten Dschamucha in der weiten Steppe finden und ihn bitten, Temudschin in dieser Not beizustehen. Als Dschamucha hörte, was

Unten rechts: Ein Reiterangriff. Berittene Bogenschützen greifen kurz an, ziehen sich dann aber – rückwärts schießend – so schnell wie möglich zurück. Der Gegner soll so aus der Deckung gelockt werden. Das Foto stammt aus einem Film über Dschingis Khan von 1965.

Ein mongolischer Herrscher hält Hof. Dschingis Khans Erben zerstritten sich in ständigen Auseinandersetzungen um die Thronfolge.

geschehen war, sammelte auch er 20 000 Krieger, und so schnell er nur konnte, ritt er mit ihnen zu Temudschin. Und als sie sich wiedersahen, war es, als seien sie nie getrennt gewesen. Schwurbrüder sind eine unzertrennliche Einheit, mehr noch als Brüder von einem Blut es sind. Und eine stärkere Einheit als Temudschin und Dschamucha hat es auf der Welt nie gegeben. Nun, da sie wieder zusammen waren, würde ihnen kein Feind widerstehen können.

Als die Merkit erfassten, welch schrecklicher Sturm da auf sie zu raste, jagten sie mitten in der Nacht Hals über Kopf davon. Temudschin und seine Krieger verfolgten sie. Und fortwährend rief Temudschin nach seiner Frau. Und dann, weit nach Mitternacht, der Mond stand wie ein glänzender Spiegel am Himmel, da endlich kam aus einem rollenden Wagen die langersehnte Antwort: ‚Temudschin!' Die Liebenden hatten sich wiedergefunden. Sie lagen sich in den Armen und hielten sich lange fest.

Die Merkit aber wurden mit Kind und Kindeskind ausgerottet, so dass sie wie Asche zerstoben und nichts von ihnen übrig blieb."

Carpini bekommt eine Gänsehaut, als er vom Schicksal der Merkit erfährt. Er kann sich zusammenreimen, was weiter geschah. Durch den vernichtenden Sieg über seine Feinde empfahl sich Temudschin als Schutzherr. Die mongolischen Stämme strömten ihm zu und schlossen sich ihm an. Die Anhängerschaft wuchs von Tag zu Tag und damit seine Macht. „Ja!", nickt die Alte am Feuer, „genau so war es! So grausam er mit seinen Feinden verfuhr, so unermüdlich stand Temudschin seinen Freunden bei. Er half seinen Leuten bei der Jagd, beschenkte sie mit Pferden und Pelzen, teilte, was er besaß, mit ihnen, war großzügig und zuverlässig. Dschamucha und Temudschin legten ihre Lager zusammen. Dschamucha führte 30 000 Krieger an, und 30 000 Krieger unterstanden auch Temudschins Befehl. Gemeinsam zogen sie von Weideplatz zu Weideplatz. So konnten sie sich jeden Tag sehen. Oft ritten sie um die Wette. Wenn Temudschin ein Rennen gewann, dann lag beim

Die Jagd

Für Nomaden war und ist die Jagd zur Beschaffung zusätzlicher Nahrungsvorräte sehr wichtig. Im Herbst werden große Treibjagden veranstaltet, damit es Fleisch für den Winter gibt. Die Jagd dient den Kindern auch dazu, den Gebrauch von Pfeil und Bogen zu trainieren. Treibjagden sind als militärisches Training wichtig: Sie üben das gemeinsame Vorgehen auf einem großen Gelände.

Wir wollen dich zum Khan machen und als die Spitze deiner Truppen gegen die Feinde ziehen. Sollten wir im Kampf deinem Befehl nicht nachkommen, dann nimm unseren Besitz, lasse uns enthaupten und wirf unsere Köpfe auf den Boden.

Geheime Geschichte der Mongolen

Links: Dschingis Khan und seine Frau Börte auf dem Thron. Die Frauen der mongolischen Kaiser hatten großen Einfluss und wurden ausdrücklich um ihren Rat gefragt. Auch in den Nomadenfamilien spielen Frauen eine wichtige Rolle.

Rechts: Eine Jurte im Altai-Gebirge. Von allen Ländern der Erde ist die Mongolei am dünnsten besiedelt.

nächsten Wettstreit Dschamucha vorn, und am nächsten Tag siegte wieder Temudschin. Keiner sonst konnte mit ihnen mithalten. Die Schwurbrüder verstanden sich blind. Beide waren klug und ehrgeizig, beide liebten die Jagd mit Falken: Im Winter, wenn Hasen, Füchse und Marder das dickste Fell tragen, gab es für sie keinen schöneren Zeitvertreib. Die beiden konnten mit ihren Pfeilen jedes Ziel treffen. Nichts schien die beiden Freunde trennen zu können. Und doch sollten sie sich eines Tages in unversöhnlichem Hass gegenüberstehen, bereit, einander zu töten.

„Wir Mongolen gehen auf die Jagd von Kindheit an, und auf diese Gewohnheit kann ich nicht verzichten", sagte schon Dschingis Khan über die Jagdleidenschaft der Mongolen.

Eines Tages besprachen sich die Häuptlinge, die mit ihren Stämmen zu Temudschin gekommen waren, untereinander. Dann sagten sie zu Temudschin: ‚Wir wollen dich zum Großkhan, zu unserem Anführer, machen!'

Sie schworen ihm ewige Treue und gaben Temudschin den Namen Dschingis Khan – das heißt ‚ozeangleicher Herrscher'. Die Häuptlinge träumten schon damals davon, dass alle Stämme der Mongolen unter einem Herrscher vereint ihre Streitigkeiten für immer beilegen könnten. Keine Raubzüge mehr gegeneinander, keine Fehden – Friede unter den Steppenvölkern. Und auch Dschingis Khan begann diesen Traum zu träumen. Er beschloss dafür zu kämpfen, dass er Wirklichkeit wurde. Und was Dschingis Khan sich vornahm, das führte er auch zu Ende."

5

Steppenkämpfe

>>> **Die alte Frau versinkt** in düsteres Schweigen. „Was geschah dann?“, fragt Carpini atemlos. „Was wurde aus den Blutsbrüdern?“ Seufzend erzählt die Alte weiter.

„Was Frieden bringen sollte, trübte die Freundschaft der beiden Schwurbrüder. Dschamucha gefiel es nicht, dass manche Schamanen plötzlich weissagten, dass Dschingis Khan eines Tages über die ganze Steppe herrschen würde. Er hat ihnen Gold gegeben, damit sie solche Märchen erzählen!, dachte er grimmig.

Als sich in der weiten Steppe herumsprach, was die Schamanen sagten, strömten viele Menschen herbei und folgten Dschingis Khan. Auch einzelne Krieger aus Dschamuchas Gefolgschaft schlossen sich Dschingis Khan an. Dschingis Khan traf daran keine Schuld, doch Dschamucha war empört. Neid und Eifersucht nagten an ihm. Er beschloss, das gemeinsame Lager zu verlassen und mit all den Stämmen, die zu seiner Gefolgschaft gehörten, zu neuen Weideplätzen zu ziehen. Er wusste, er würde sich Dschingis Khans Befehl nicht unterordnen können. Niemals. Der Tag war gekommen, dass sie sich trennen mussten. Die Freunde verabschiedeten

? Schamanentum

Zur Zeit von Dschingis Khan glaubten die meisten Mongolen an das Schamanentum. Schamanen sind die Vermittler zwischen der Welt der Menschen und der Welt der Geister und Dämonen. Sie sind auch Heiler, denn jede Krankheit, so dachte man, wird von bösen Geistern geschickt. Soll ein Schamane herausfinden, was der Wille der Geister ist, versetzt er sich mit Rauschmitteln und rhythmischem Trommeln in einen Rauschzustand und begibt sich so auf eine „Seelenreise“. Während dieser Reise singt der Schamane. Auf der Reise begegnen dem Schamanen Himmelsgötter, die Seelen von Verstorbenen, gute Geister und manchmal auch böse Dämonen, mit denen er kämpfen muss. Ein Schreiber muss alles festhalten, was der Schamane im Rauschzustand sagt und singt, denn, so nimmt man an, die Götter sprechen dann aus ihm. Heute sind die meisten Mongolen Lamaisten (eine besondere Form Buddhisten), aber das Schamanentum ist nach wie vor sehr lebendig.

Dschingis Khan in der Schlacht. Der größte Vorteil seiner Armee ist die Treffsicherheit seiner berittenen Bogenschützen.

sich knapp, dann gab Dschamucha das Zeichen zum Aufbruch. Dschingis Khan blickte dem langen Tross seines besten Freundes hinterher, bis er am Horizont verschwunden war. Würde er Dschamucha je wiedersehen? Galt ihm der Treueschwur, den sie sich gegenseitig geleistet hatten, noch etwas?

Mit eiserner Faust rang Dschingis Khan in den Jahren danach alle Völker nieder, die sich ihm nicht freiwillig unterordnen wollten. Blutig waren die Steppenkämpfe. Wer nicht für mich ist, ist gegen mich. Und wer gegen mich ist, muss sterben!, so dachte er, und da-

Mit Rauschmitteln und rhythmischem Trommeln begibt sich der Schamane auf eine Seelenreise. Der Zustand der Trance kostet viel Kraft.

nach handelte er auch. Dschingis Khan tötete ohne Ausnahme alle, die sich ihm in den Weg stellten. Seine Mutter zeigte ihm offen ihr Entsetzen. ‚Du verhältst dich wie ein Wolf, der sich im Sturm auf seine Opfer stürzt!‘, schrie sie ihn an, ‚wie ein Tiger, der blindlings angreift!‘

‚Mutter, versteh doch!‘, sagte er ungeduldig zu ihr, ‚wenn sich die Mongolen nicht einig sind, dann werden sie früher oder später von anderen Völkern besiegt. Von den Tataren oder den Alanen oder den Kitai. Es gibt keinen anderen Weg zum Frieden als den Kampf.‘ Und Jahr um Jahr zog er in den Krieg gegen die Völker der Steppe. Er erlitt manche Niederlage, oft wurde er im Kampf verletzt, manchmal kam er nur um Haaresbreite mit dem Leben davon, aber immer stand er auf und kämpfte weiter.

Am Ende waren nur noch drei machtvolle Steppenfürsten übrig: er selbst, sein Schwurbruder Dschamucha und der alte To'oril Khan, der ihm einst geholfen hatte, seine Frau Börte von den Merkit zu befreien. Alle ahnten, eines Tages würde es zum Kampf zwischen den Schwurbrüdern kommen. Wer würde das vereinigte Mongolenreich am Ende beherrschen: Dschamucha oder Dschingis Khan?

Unaufhaltsam verrann die Zeit. Und dann war der Augenblick gekommen, vor dem sich die Menschen der Steppe fürchteten. Im Jahr des Huhnes schloss Dschamucha mit allen Gegnern Dschingis Khans einen festen Bund und stellte sich mit einem großen Heer Dschingis Khan und To'oril Khan entgegen. Es kam zur alles entscheidenden Schlacht.

Unter Dschamuchas Gefolgsleuten waren zwei Schamanen, die sich auf Zauberei verstanden. ‚Lasst es regnen!‘, befahl Dscha-

Steppenvölker

Das mongolische Kernland (siehe die Karte Seite 52) wurde von vielen Völkern und Stämmen bewohnt, darunter mongolisierte Turkvölker wie die Naiman und Völker wie die Kere'it, deren Ursprung ganz im Dunkeln liegt. Auch die Mongolen selbst setzen sich aus verschiedenen Stämmen zusammen. Dschamucha war zum Beispiel Häuptling der Dschadaran; Dschingis Khan gehörte zum Geschlecht der Bordschigid. 1206 wurden die mongolischen Stämme von Dschingis Khan nach langen Fehden und Stammeskriegen geeint. Vor Dschingis Khan hatte es bereits einen Häuptling namens Kabul gegeben, der als erster Khan für kurze Zeit regierte. Dschingis Khans Vater Jesügei war sein Enkel.

Jetzt sind wir beide wieder zusammen. Lass uns Gefährten sein! Von nun an wollen wir an einem Ort zusammenbleiben.

Dschingis Khan zu Dschamucha. Geheime Geschichte der Mongolen

Ein leichter einschneidiger Krummsäbel war nach Pfeil und Bogen die wichtigste Waffe der Mongolen.

Der Himmel hat dir den Kaiserthron gezeigt. Was für ein Gewinn könnte ich als Gefährte da noch sein? Töte mich, ohne Blut zu vergießen. Jetzt macht schnell mit mir.

Dschamucha zu Dschingis Khan. Geheime Geschichte der Mongolen

Dschingis Khan hasste nichts mehr als Verrat und Untreue. In seiner Kindheit hatte er dadurch viel Leid erfahren. Wer den Khan betrog, wurde enthauptet.

mucha ihnen. ‚Dann werden Dschingis Khans Reiter nichts gegen uns ausrichten können.' Die Schamanen erwirkten mit ihren Zaubersprüchen einen prasselnden Regen, so heftig, wie er in zehn Jahren nur einmal niedergeht. Der Kampf wurde zur Schlammschlacht. Die armen Pferde rutschten beim Ansturm auf dem aufgeweichten Boden aus. Viele der Tiere verletzten sich im Fallen, brachen sich die Beine, kamen nicht mehr hoch, blieben auf dem schlammigen Boden liegen und schrieen vor Schmerz. Die ganze Zeit über regnete es ununterbrochen. Das Kampfgetümmel wogte hin und her. Die Krieger prallten mit unversöhnlicher Wucht aufeinander. Allen voran stürmte Dschingis Khan. Er rang seine Gegner mit dem Schwert nieder, schoss im nächsten Augenblick Pfeile ab und benutzte auch noch die Lanze. Keiner wusste, woher er die Kraft dafür nahm. Stundenlang kämpfte er gegen mehrere Feinde zur gleichen Zeit an. Aber dann, gegen Mittag, war er einen Wimpernschlag lang unaufmerksam und wurde von einem niedersausenden Schwert am Hals verwundet. Es gelang nicht, das Blut zu stillen. Seine Kleider färbten sich rot. Unter heftigen Schmerzen stand er die Schlacht bis zum Abend durch. Dann verlor er das Bewusstsein. Sein Heer war führerlos. Da griff der Himmel in den erbitterten Kampf ein und peitschte den stürmischen Regen Dschamuchas Kriegern entgegen. Sie kamen nicht mehr vorwärts, fielen in Gräben oder versanken im Schlamm. ‚Die Götter sind gegen uns!', riefen Dschamuchas Verbündete verzweifelt aus. Und am Ende ergriffen sie die Flucht. Als Dschingis Khan aus seiner Bewusstlosigkeit erwachte, erfuhr er, dass er gesiegt hatte.

Dschamucha wurde von seinen eigenen Gefolgsleuten gefangengenommen und Dschingis Khan ausgeliefert. Die Gefolgsleute erhofften eine Belohnung, aber stattdessen geriet der Khan in kalte Wut. Er befahl, Dschamuchas Gefolgsleuten augenblicklich die Köpfe abzuschlagen. Für Männer, die ihren Herrn ans Messer liefern, hatte er nichts als Verachtung übrig. Danach wandte sich der Khan zum Erstaunen aller seinem Schwurbruder zu: ‚Lass uns wieder Gefährten sein', beschwor er ihn, ‚so wie früher, als wir Kinder waren!'

Aber Dschamucha wollte sich nicht versöhnen. Jetzt, da der Himmel nicht ihm, sondern Dschingis Khan die Macht über alle Steppenvölker gegeben hatte, wollte Dschamucha nur noch eines: Er wollte sterben. ‚Töte mich', bat er seinen Schwurbruder. ‚Und wenn du mir einen letzten Wunsch gewähren willst, dann töte mich so, dass mein Blut nicht vergossen wird.' Denn im Blut, so lehren uns die Schamanen, wohnt die Seele. Dschingis Khan erfüllte ihm die Bitte: Er ließ Dschamucha ersticken und dann so bestatten, wie es einem Fürsten zukommt. An dem Tag aber, an dem dies geschah, ritt Dschingis Khan noch vor Sonnenaufgang davon. Keiner durfte ihn begleiten. Und als er weit nach Mitternacht ins Lager zurückkehrte, da war aller Glanz aus seinen Augen gewichen.

Der wichtigste Schamane im ganzen Land war der große Schamane Kökötschü. Nach Dschamuchas Tod ging Kökötschü nackt und in bitterer Kälte in die Berge und blieb viele Tage fort. Und als er wieder zurückkam, verkündete er: ‚Die Götter haben mit mir gesprochen und mir gesagt: Die ganze Oberfläche der Erde haben wir Temudschin und seinen Söhnen gegeben und ihn Dschingis Khan genannt. Fordert ihn auf, gerecht zu regieren.'

Und im Frühling des Tigerjahres, im Jahr 1206, Dschingis Khan war 44 Jahre alt, kamen alle mongolischen Stämme an der Quelle des heiligen Flusses Onon zusammen. In weiter Runde standen die Jurten, es war eine riesige Zeltstadt. Die neunschwänzige Standarte aus weißem Rosshaar wurde aufgepflanzt. Und die Völker der Step-

? Die Standarte

Die neunschwänzige weiße Fahne verkörperte den persönlichen Schutzgeist Dschingis Khans. Nachdem er zum Großkhan ausgerufen worden war, schützte sein persönlicher Schutzgeist das gesamte Volk und auch das Heer. Neun war eine heilige Zahl: Geschenke wurden neunfach gegeben, Bevorzugten wurde Straffreiheit für neun Vergehen gewährt.

Rechts: Träger der neunschwänzigen weißen Standarte beim feierlichen Einzug auf dem Naadam-Fest. Das Fest wurde schon zu Zeiten Dschingis Khans gefeiert. Wer bei den Wettkämpfen siegt, darf den Ehrennamen „Elefant", „Löwe" oder „Titan" annehmen.

Krieg, Streit, Körperverletzung und Totschlag kommen unter ihnen nie vor. Räuber und Diebe in großen Sachen findet man auch nicht. Daher haben ihre Wohnhäuser und Karren, in denen sie Schätze aufbewahren, weder Schloss noch Riegel.

Johannes von Plano Carpini

pe wählten Dschingis Khan einstimmig zum König der Könige, zum Herrscher der Steppe, zum Großkhan der Mongolen.

Raub und Rache sollten endlich ein Ende haben", berichtet die alte Geschichtenerzählerin am Feuer der Jurte. „Sobald Dschingis Khan Kaiser war, erließ er strenge Gesetze und setzte überall Richter ein, damit sie auch eingehalten wurden."

Carpini hat auf der Reise schon bemerkt, dass die Mongolen äußerst respektvoll mit dem Besitz anderer umgehen. Niemand außer dem Besitzer würde es wagen, eine auf dem Boden liegende Peitsche aufzuheben. Wenn Vieh verlorengeht, so bringt es der Finder zu einer Person, die ausdrücklich dafür angestellt ist, die Tiere zu ihrem Besitzer zurückzubringen. Tut der Finder das nicht, wird er als Dieb behandelt und verliert sein Leben. Schon seit vielen Jahren weiß keiner mehr von einem Viehdiebstahl zu berichten.

„Ja", nickt die Alte am Feuer, „die Jassa, das Große Buch der Gesetze, hat der Steppe Frieden gebracht. Heute kann eine Jungfrau mit einem Topf Gold auf dem Kopf durch das ganze Reich laufen, ohne dass ihr etwas geschieht."

Jassa

Die von Dschingis Khan erlassene Jassa war eine Art Grundgesetz des mongolischen Reiches. Sie hatte die traditionelle Rechtsprechung der Steppenvölker zur Grundlage. Es gab insgesamt 36 Gesetzesparagraphen. Bei Verstößen gegen sie war bei 13 Paragraphen die Todesstrafe vorgesehen, so zum Beispiel bei Ehebruch oder bei der Verschmutzung von Gewässern. Doch nur wer auf frischer Tat ertappt wurde oder sein Vergehen gestand, konnte verurteilt werden.

6

Das Weltreich

>>> **Die alte Frau** hat genug erzählt. Gähnend begibt sie sich auf ihr Lager. Carpini macht sich daran, es ihr gleichzutun. Auch seine Bewacher gehen schlafen. Obwohl der Mönch es gar nicht will, spürt er, dass er diesen Dschingis Khan bewundert. Seinen Mut, seine Entschlossenheit, seinen unbeugsamen Willen. In der Steppe überlebt keiner, der schwach ist, erkennt Carpini. „Aber wie wurde Dschingis Khan so stark, dass er die ganze Welt besiegen konnte?", murmelt der Mönch nachdenklich.

„Der hohe Himmel wollte es so", antwortet eine brüchige alte Stimme. Suchend blickt Carpini sich um. Ein uralter Mann mit einer

? Das mongolische Heer

Geordnet nach Zehner-, Hundert-, Tausend- und Zehntausendschaften unterstehen 100 000 Kämpfer Dschingis Khans Kommando. Es gibt drei Einheiten:
Arban – je 10 Männer
Dschagun – je 100 Männer
Minggan – je 1000 Männer
Tumen – je 10 000 Männer
Die wichtigste Einheit ist die Tausendschaft.

Ein alter Mann in traditioneller mongolischer Kleidung

Mongolische Reiter von heute in traditioneller Rüstung. Die Helme waren aus Eisen oder Stahl gefertigt und hatten einen Ohren- und Nasenschutz. Der Teil um Hals und Nacken war aus Leder gefertigt. In der Schlacht schützte man auch die Pferde durch einen fünfteiligen ledernen Panzer mit einer Metallplatte an der Stirn.

Sie waren wie dichte Sturmwolken. Das Rattern der Wagen, das Brüllen der Kamele, der Schall der Trompeten, das Wiehern der Pferde und das Geschrei einer riesigen Menschenmenge – wir konnten unser eigenes Wort nicht mehr verstehen.

Augenzeuge

fingerdicken Narbe unter dem rechten Auge sitzt als Letzter noch am Feuer. Carpini hatte ihn gar nicht bemerkt. Der Alte freut sich, dass er jemand gefunden hat, dem er von seinen Kriegserlebnissen berichten kann. „Ich war dabei, als Dschingis Khan aufbrach, um die Welt zu erobern", sagt er. „Ich will dir davon erzählen."

Carpini versucht, seine Erregung zu verbergen. Er schenkt dem Alten Airag ein, die vergorene Stutenmilch, die nach einigen Schalen ganz benebelt im Kopf macht. Wenn Carpini sich geschickt anstellt, wird er von dem alten Soldaten etwas über das mongolische Heer erfahren. Was seine Stärke ausmacht, wie es aufgebaut ist, welche Listen die Steppenkämpfer anwenden – Carpini hat tausendundeine Frage.

Zunächst lernt er, mit wie viel Weitblick und Strategie der Khan seine Armee aufgebaut hat.

Er war von hoher Statur und kräftigem Körperbau, besaß leicht ergrautes Haar und die Augen einer Katze. Er war entschlossen und unerschrocken, seinen Leuten gegenüber ehrfurchtsgebietend und gerecht, aber ein blutrünstiger und grausamer Schlächter seiner besiegten Feinde.

Der persische Chronist Juvaini in der Historie des Welteroberers

Immer zehn Männer bilden eine Einheit, erklärt der Alte. Sollte auch nur einer von ihnen Feigheit zeigen und vor den Feinden fliehen, werden alle zehn mit dem Tod bestraft. Auch wenn man einen Kameraden in der Not im Stich lässt, erwartet einen die Todesstrafe. „Unsere Einheit musste zusammenhalten, auf Gedeih und Verderb", sagt der alte Mann.

Die obersten Anführer dürfen nicht mitkämpfen. Sie müssen den Überblick behalten. Müssen die richtigen Befehle geben, die pfeilschnelle Reiter in Windeseile an die untergeordneten Anführer weitertragen. Der Kaiser fordert eiserne Disziplin und unbedingten Gehorsam. Erst nach Monaten harten Drills klappt alles: Befiehlt der Khan „Dichtes Gras", reiten die Krieger Seite an Seite. Bei „See" stellen sie sich zum Angriff auf, und „Bohrer" bedeutet Attacke. Die Einheiten reagieren auf die mit Flaggen oder Hornklängen gegebenen Signale in Sekundenschnelle. Die Männer schaffen es, auch bei einer Drehung noch ihre Linien zu halten. Selbst der Rückzug geht geordnet vonstatten. Mit diesem Heer hat Dschingis Khan eine Waffe geschaffen, mit der er die Welt erobern kann.

Die jahrzehntelangen Steppenkämpfe haben viele Nomaden arm werden lassen. Viel Vieh ging in den Wirren verloren, die Menschen der Steppe leiden Hunger. Dschingis Khan muss Beute machen. Umso mehr ärgert es ihn, dass die Mongolen dem chinesischen Kaiser Jahr für Jahr Tribute zahlen müssen. Am liebsten würde er in das reiche China einfallen, doch einem Krieg gegen dieses riesige Reich ist sein Heer noch nicht gewachsen. Aber auch in den großen Städten der Tanguten, so haben seine Spione ihm berichtet, gibt es Vorräte in Hülle und Fülle, und dieser Beutezug ist machbar. Er gibt den Befehl, das Land der Tanguten zu erobern.

Die Chinesen haben misstrauisch Dschingis Khans Aufstieg verfolgt. Solange die Steppenvölker zerstritten waren, waren sie keine Gefahr für das große Land. Jetzt hat sich die Lage geändert. Der chi-

Steckbrief Dschingis Khan

Temudschin wurde um 1160 geboren. Nach der Überlieferung liegt sein Geburtsort am Fuß des heiligen Berges Burchan Chaldun nahe der Quelle des Onon im Nordosten der heutigen Mongolei. Er war der älteste Sohn des Häuptlings Jesügei Bahadur und seiner Frau Ho'elun Udschin. Nachdem es ihm gelungen war, die Steppenvölker zu einigen, wurde er 1206 zum Großkhan gewählt und erhielt den Namen Dschingis Khan. Er eroberte ein Reich, das doppelt so groß war wie die heutigen USA. Dschingis Khan starb 1227 vermutlich an den Folgen eines Reitunfalls.

Dschingis Khan wurde von seinen Leuten dafür geschätzt, dass er so einfach lebte wie sie. Erst seine Nachfolger gewöhnten sich an Prunk und Luxus.

Chinesische Erfindungen

China hatte eine hochentwickelte Kultur: Zahlreiche Erfindungen waren hier schon lange bekannt, bevor sie in Europa Verbreitung fanden. Im 3. Jahrhundert v. Chr. experimentierte man in China mit Schießpulver. Lange bevor es in Europa Feuerwaffen gab, benutzte man in China schon Flammenwerfer, Granaten oder Katapulte. Im 1. Jahrhundert n. Chr. baute man in China den ersten Kompass und erfand das Papier.

nesische Kaiser wird von seinen Beratern gedrängt, den Tanguten zur Hilfe zu kommen. So schnell wie möglich und mit so vielen Soldaten wie möglich. „Wenn sie mit den Tanguten fertig sind, werden die Mongolen uns angreifen", warnen sie ihn. Aber der chinesische Kaiser antwortet bloß: „Welchen Grund haben wir zur Beunruhigung? Meinem Staat ist es vorteilhaft, wenn seine Feinde sich gegenseitig angreifen."

„Zu diesem Zeitpunkt hätte der Chinesenkaiser unseren Sturm noch aufhalten können. Aber der hohe Himmel muss seine Sinne verwirrt haben." Der Alte reibt sich zufrieden die Hände.

Die Steppenkämpfer wissen beim Feldzug gegen die Tanguten noch nicht, wie man befestigte Städte erstürmt. „Wenn man den Bewohnern der Zeltstädte im Schlaf die Kehle durchschneiden will, springt man einfach durch die Öffnung für den Rauch in die Jurte hinein. Aber wie überwindet man Stadtmauern aus Fels und Stein, von deren Türmen Pfeile abgeschossen werden? Unser Kaiser fand schnell einen Weg, die Stadtbewohner zu überlisten!"

„Welchen?", fragt Carpini.

„Er grub den Städten einfach das Trinkwasser ab. Wir bauten Dämme und Kanäle und leiteten ganze Flüsse um. Da hatten die Städter die Wahl: verdursten oder sich ergeben!", verrät der alte Mann und grinst voller Stolz.

„Wie klug doch der große Khan war", lobt der Spion.

„Ja", stimmt ihm der Alte zu. Und plaudert weitere Kriegslisten aus.

„Wir teilen das Heer immer in mindestens drei Tumen – Zehntausendschaften – ein. Um die Feinde zu verwirren, kommen wir gleichzeitig von verschiedenen Seiten. Zunächst schießen wir unsere Pfeile aus sicherer Entfernung ab. Erst wenn der Gegner strauchelt, wenn er schon fast am Boden liegt, erst dann kämpfen wir Mann gegen Mann. Am meisten Erfolg haben wir, wenn wir den ‚Kampf der Hunde' kämpfen", erzählt er stolz. „Wir reiten einen Angriff, ziehen uns danach aber zurück, so als würden wir aufgeben. Die Gegner verfolgen uns, den Sieg schon vor Augen. Und dann schnappt unsere Falle zu. Unser Hauptheer

Erstürmung einer Festung der Tanguten. Widerstand wurde grausam bestraft.

Ein Bogenschütze in vollkommener Konzentration vor dem Schuss. Außer normalen Pfeilen gab es auch tönende Pfeile, die den Gegner erschrecken sollten, brennende Pfeile und giftige Pfeile. Das Gift wurde von Giftschlangen und giftigen Pflanzen gewonnen.

nimmt die Verfolger in die Zange und vernichtet sie mit einem Pfeilregen.“

So haben sie bei Liegnitz Herzog Heinrich überlistet!, durchfährt es Carpini.

Dschingis Khan überlässt nichts dem Zufall. Überall haben die Mongolen Spione. Wenn sie ein Land angreifen, haben sie es zuvor gründlich ausgekundschaftet. Ihr größter Vorteil liegt in ihrer Schnelligkeit: Jeder Krieger führt mehrere Ersatzpferde mit sich.

„‚Verbreitet Schrecken! Ein nur besiegter Feind ist nie gezähmt. Darum tötet sie alle!‘, diesen Befehl gab uns der große Dschingis Khan vor jeder Schlacht“, erinnert sich der alte Mann.

„Aus Angst vor späterer Rache machten wir niemals Gefangene. Nur Menschen, die uns nützlich erschienen, ließen wir am Leben: geschickte Handwerker, Künstler, Erfinder, Schriftkundige, Baumeister und natürlich ein paar Sklaven. Die jungen Frauen teilten wir gerecht unter den Soldaten auf. Ihre Angehörigen erschlugen wir. Der Kaiser kannte keine Gnade. Aber zu uns Soldaten war er immer gut. Er trug dieselben Sachen wie wir und aß die gleichen Speisen. Er war kein bisschen hochnäsig. Er war einer von uns.“

Der Sieg über die Tanguten ist so überwältigend, dass die Stämme des Westens und des Nordens, die Uiguren, Kirgisen und Oiraten, sich den Mongolen freiwillig unterwerfen und ihre Krieger

Pfeil und Bogen

Der Bogen der Mongolen wurde aus Maulbeerbaum- oder Ulmenholz gefertigt. Die Enden waren aus Horn. Die Sehne bestand aus einem Lederriemen. Jeder Krieger besaß zwei bis drei Bogen. Es gab unterschiedliche Pfeile, zum Beispiel Pfeile aus Kamelknochen oder spitze Pfeile aus Nägeln. Die Schäfte bestanden aus Weidenholz und hatten am Ende Falkenfedern. Sie waren von unterschiedlicher Länge, je nachdem, ob man mit ihnen nahe oder entferntere Ziele treffen wollte. Weitere Waffen waren ein leichter, handlicher, sehr scharfer Krummsäbel und eine lange Lanze mit Widerhaken, um den Gegner vom Pferd zu holen. Darüber hinaus gab es Stachelfallen und Granaten, die die Mongolen von den Chinesen übernommen hatten.

Große Mauer

Die Chinesische Mauer ist die größte Schutzanlage der Welt. Mit dem Bau wurde schon im 3. Jahrhundert v. Chr. unter Kaiser Qin Shi Huangdi begonnen. Sie ist 2400 Kilometer lang, und wenn man alle Verzweigungen und unverbundenen Teilabschnitte dazurechnet, sind es sogar 6700 Kilometer. Als Baumaterial wurde gestampfte Erde verwendet, in der Nähe von Peking nahm man Steine. In der Ebene ist die Große Mauer bis zu 16 Meter hoch, auf Berggipfeln niedriger. In regelmäßigen Abständen stehen zweistöckige Wachtürme. Sie waren mit bis zu zehn Mann besetzt, die mit Flaggen, Rauch- und Feuersignalen untereinander in Verbindung standen. Seit 1987 zählt die Große Mauer zum UNESCO-Weltkulturerbe.

unter Dschingis Khans Kommando stellen. Und da wird endlich möglich, wonach es die Steppenkrieger schon immer verlangt hat: das reiche Land der Chinesen mit Krieg zu überziehen.

Dschingis Khan hat es satt, Abgaben an die Chinesen zu zahlen. Es ist an der Zeit, den Spieß umzudrehen. Er glaubt an die Stärke seiner Armee. Sie wird auch gegen eine Übermacht standhalten. Als er das nächste Mal den jährlichen Tribut an China leisten soll, da weigert er sich. Der chinesische Kaiser sendet augenblicklich Boten zu ihm aus. Dschingis Khan wendet sein Gesicht nach Süden in Richtung des großen chinesischen Reiches, spuckt vor den Gesandten des Kaisers geräuschvoll auf den Boden, besteigt sein Pferd und reitet nach Norden davon. Und damit steht fest: Es wird Krieg geben. Krieg, wie es ihn noch nie gegeben hat. Im März des Schafjahres kommen die Völker der Steppe zusammen, und alle sind bereit, unter Dschingis Khans Führung das große Wagnis einzugehen. Keiner stimmt dagegen. Keiner zweifelt am Sieg.

Die mongolischen Heere setzen sich in Bewegung und reiten geschlossen auf die beste Befestigungsanlage der Welt zu: die Chinesische Mauer. Aus der Entfernung wirkt das Bollwerk mit seinen gezackten Türmen wie ein riesiger Drache. Mindestens

Die Chinesische Mauer hat die Chinesen jahrhundertelang vor den Einfällen der Nomaden bewahrt. Dschingis Khan überwand sie ohne jede Schwierigkeit.

Ratgeber des Khan

Der Dichter und Astronom Yeh-lü Chu-Tsai wird 1215 bei der Einnahme Pekings Dschingis Khans Gefangener. Der Khan fragt ihn, wie er zum Sieg der Mongolen über das Volk der Jin stehe. Yeh-lü Chu-Tsai antwortet: „Mein Großvater, mein Vater und ich waren Diener der Jin. Ich wäre ein Heuchler und Lügner, wenn ich feindliche Gefühle gegen meinen Vater und den Kaiser gehegt hätte." Dschingis Khan gefällt diese Antwort, und er macht den Mann zu seinem wichtigsten Ratgeber. Dieser hilft ihm, eine Verwaltung für das große Reich aufzubauen.

acht Meter hoch, fünf bis sechs Meter breit, 2500 Kilometer lang. Gebaut, um plündernde Horden aus der Steppe abzuhalten. Dahinter, das wissen die mongolischen Krieger, erwartet sie das größte Heer der Welt. Das Jin-Heer zählt 600000 Soldaten, darunter 120000 meisterhaft geschulte berittene Bogenschützen.

100000 mongolische Krieger reiten dieser Übermacht entgegen. Sie glauben, dass der Himmel auf ihrer Seite ist.

Bei Kalgan, nordwestlich der Hauptstadt Tschungtu, die die Mongolen dann später Canbaluc nennen, durchbrechen die mongolischen Horden die große Chinesische Mauer. Kampflos. Die Wachtposten machen einfach die Tore auf. Von dieser finsteren Armee wollen sie sich nicht niedermetzeln lassen. Dann geht es Schlag auf Schlag: Die Stadt Xuande fällt, dann Fuzhou, dann Weining. Schon ziehen die mongolischen Horden auf die Hauptstadt zu. Nacktes Entsetzen erfasst die Bevölkerung und den Kaiserhof.

„Rings um die Hauptstadt herum war wieder eine Mauer. Noch höher als die erste. Und dieses Mal war die Mauer bewacht. Auf 900 Türmen standen Soldaten und schossen Pfeile auf uns ab. Wir stürmten immer wieder gegen die Mauern an und mussten uns jedes Mal unter großen Verlusten zurückziehen. Da schlossen wir einen engen Ring und begannen mit der Belagerung."

Die Belagerung zieht sich hin. Woche um Woche, Monat um Monat, Jahr um Jahr. Schließlich muss Dschingis Khan aufgeben und die Belagerung abbrechen. Aber geschlagen heimkehren? Ohne die fette Beute, die er seinem Volk versprochen hat? Er bittet

Dschingis Khan glaubte an die Bedeutung von Orakel. Hier befragt er Weissagestäbchen.

Fast all Deine Dörfer und Städte sind in meinem Besitz. Der Himmel hat Dich schwach gemacht. Wenn ich Dich nun weiter bedrängen wollte in Deiner Not, was würde da der Himmel zu mir sagen?

Dschingis Khan an den Jin-Kaiser

Man kann ein Reich vom Pferderücken aus erobern, aber nicht regieren.
Yeh-lü Chu-Tsai, chinesischer Ratgeber von Dschingis Khan

den hohen Himmel um Rat. Und als er sein nach schamanischem Ritual vollzogenes Gebet beendet hat, weiß er, wie er vorgehen soll. Er schreibt dem Jin-Kaiser einen listigen Brief: „Ich habe großes Mitleid mit Dir, weil Du so schwach geworden bist", säuselt er. „Darum will ich Dich verschonen. Wenn Du mir nur ausreichend Schätze gibst, dass ich meine Generäle zufriedenstellen kann, dann ziehe ich schnell von dannen."

Carpini staunt über diese Kaltschnäuzigkeit. „Und was tat der chinesische Kaiser?", fragt er gespannt.

„Der Kaiser schloss erleichtert Frieden", sagt der alte Mann und kichert über so viel Dummheit.

Der Kaiser gibt Dschingis Khan Gold, Silber und Brokat in Hülle und Fülle, so viel seine Armee nur davontragen kann. Dazu 500 Knaben und Mädchen als Sklaven und 3 000 edle Pferde aus seinem persönlichen Besitz. Im Triumphzug reiten die mongolischen Einheiten zurück in die Steppe. Doch noch auf dem Rückweg hört Dschingis Khan von seinen Kundschaftern, dass der Jin-Kaiser seine Truppen im Süden des Landes sammelt, um die Mongolen anzugreifen. In heißem Zorn lässt er sein Heer kehrtmachen und belagert erneut die Hauptstadt.

Sturm auf eine chinesische Festung. Der geniale Stratege Dschingis Khan war überaus lernfähig. Von den Chinesen übernimmt er das Schießpulver und setzt es im Kampf gegen Chinas Städte ein. Als die chinesische Hauptstadt fällt, brennt sie einen ganzen Monat lang.

Er weiß jetzt, wie man Türme überwindet. Gefangene Chinesen haben ihm diese Künste beigebracht. Er lässt Katapulte bauen, Festungsgräben zuschütten, rennt mit Rammböcken donnernd gegen die Tore an.

„Wir setzten tonnenweise Schießpulver ein! Und dieses Mal war die Belagerung nur von kurzer Dauer. Schon bald durchbrachen wir die dicken Mauern der Hauptstadt."

Der Franziskanermönch erfährt schaudernd von dem Blutbad, dass die Mongolen anrichten, als die Stadt fällt. Mit Feinden, die es wagen, Widerstand zu leisten, verfährt Dschingis Khan stets besonders grausam. Widerstand duldet er einfach nicht. Tausende werden in der Hauptstadt blutig niedergemetzelt. Frauen und Mädchen stürzen sich in Massen von den Festungsmauern in den Tod, um der Sklaverei zu entgehen. Einen ganzen Monat lang brennt die Stadt. Bis kein Stein mehr auf dem anderen ist. Der Staatsschatz fällt Dschingis Khan in die Hände. Die Reichtümer des Landes – und dazu gehören auch technische Errungenschaften, Wissen und Kultur – stehen ihm offen. China zahlt einen hohen Preis für den Wankelmut seines Kaisers. „Noch heute sind alle Wege, die zur Hauptstadt führen, mit Knochenhaufen gesäumt", verrät der Alte dem entsetzten Carpini.

Noch bevor sich Dschingis Khans Truppen von dem Feldzug gegen China erholen können, fordert Schah Mohammed, der mächtige Herrscher des Choresmischen Reiches im Westen der Mongolei, den Khan zu einem neuen Krieg heraus. Er lässt eine mongolische Karawane, die durch sein Land zieht, niedermetzeln. Darauf gibt es nur eine Antwort: Dschingis Khan muss wieder in den Krieg ziehen. Doch zuvor regelt er sein Erbe: Er teilt das Reich unter seinen vier Söhnen auf und erreicht, dass sein drittgeborener Sohn, Ögedei, sein Nachfolger als Großkhan wird. Dann gibt er den Befehl zum Aufbruch. Die mongolischen Armeen ziehen in großer Geschlossenheit gegen die islamischen Truppen. Reitertruppe gegen Elefanten. Die Armee ist unter Dschingis Khans Führung so diszipliniert, so entschlossen und so gnadenlos, dass die Truppen des mächtigen Schah keine Chance haben.

Der Schah erlebt den Untergang seines großen, prachtvollen Reiches. Er selbst wird von einem Sonder-

Choresmisches Reich

Das Choresmische Reich war wohlhabend und kulturell hochentwickelt. Handel und ein mit kunstvoller Bewässerungstechnik betriebener Ackerbau bildeten die Grundlage dafür. Zu der Zeit von Schah Mohammed erstreckte sich das Choresmische Reich nahezu über das gesamte Gebiet des heutigen Iran und Ostturkistan. Die wichtigsten Städte waren Buchara und Samarkand. Die Menschen glaubten an den Islam.

1220 fallen Buchara und Samarkand. Diese persische Buchmalerei zeigt, wie Dschingis Khan von der Kanzel einer Moschee in Buchara predigt. Auf dem Foto ist eine Moschee im heutigen Samarkand zu sehen.

kommando des Khan in den Tod gehetzt. Dschingis Khan dagegen tränkt seine Pferde im Indus und befiehlt nun über ein wahrhaft riesiges Reich, größer, als es je zuvor eines gegeben hat.

Dschingis Khan sorgt in den 21 Jahren seiner Herrschaft dafür, dass in den eroberten Ländern genau wie in der Steppe Ruhe, Sicherheit und Ordnung herrschen. Gesetze werden erlassen, jede Form von Rebellion mit dem Tod bestraft.

Besonderen Wert legt Dschingis Khan darauf, dass die Handelswege bewacht werden. Aus China gelangen fremde Gewürze und edle Seidenstoffe nach Europa. Der Handel blüht wie nie zuvor. Auch Wissen und technische Errungenschaften werden mit den Karawanen in die Welt getragen, so das medizinische Wissen arabischer Ärzte oder chinesische Erfindungen wie der Kompass oder das Schießpulver.

Das Reich zu erobern war ein großes Unternehmen, noch größer aber ist die Aufgabe, dieses Reich zu verwalten. Dschingis Khan übernimmt die Schrift der unterworfenen Uiguren für das Mongolische, für das es bis zu diesem Zeitpunkt keine Schriftsprache gab. So können seine Befehle bis ins letzte Dorf dringen. Er gründet die Hauptstadt Karakorum als Sitz für den Herrscher und die Regierung, um von dort aus das neue Reich dauerhaft zu organisieren.

Während des Feldzuges gegen das Choresmische Reich von Schah Mohammed hatten sich die Tanguten wieder erhoben. Im Jahre 1226 bricht Dschingis Khan zu einer Strafexpedition auf. Die mongolischen Truppen schlagen bei den treulosen Tanguten alles kurz und klein. Die Hauptstadt wird dem Erdboden gleichgemacht. Es ist der Untergang dieses stolzen Volkes. Doch es soll auch Dschingis Khans letzter Feldzug werden. Auf einer Treibjagd scheut sein Rotschimmel, und da passiert das Unfassbare: Der große, unbesiegbare Herrscher fällt vom Pferd. Carpini meint zunächst, er hat sich verhört. Er hat beobachtet, dass die Kinder der Steppe reiten lernen, bevor sie richtig gehen können. Meisterhafte Reiter sind alle, die in der Steppe aufwachsen. Aber der alte Mann wiederholt seine Worte: „Der hohe Himmel wollte es: Der Kaiser starb nach einem Sturz von seinem Pferd.“

Carpinis Fragen nach dem Wann und Wo kann der alte Mann nicht beantworten. Auch den Ort, wo das Grab ist, kennt er nicht. „Das weiß nur

Ögedei Khan, dritter Sohn und Nachfolger Dschingis Khans. Unter seiner Herrschaft zogen die mongolischen Horden bis vor die Tore Wiens. Sein plötzlicher Tod im Jahr 1241 sorgte für den unerwarteten Rückzug der Mongolen aus Westeuropa.

Religiöse Toleranz

In einem für die unterworfenen Völker wichtigen Punkt ist der Khan großzügig: Im mongolischen Großreich darf jeder seine Religion behalten. In der Hauptstadt Karakorum werden unter Dschingis Khan und seinen Nachfolgern Moscheen neben christlichen Kirchen errichtet, es gibt zudem Tempel für Götter aller Art und einen 102 Meter hohen buddhistischen Tempel, den höchsten der damaligen Welt.

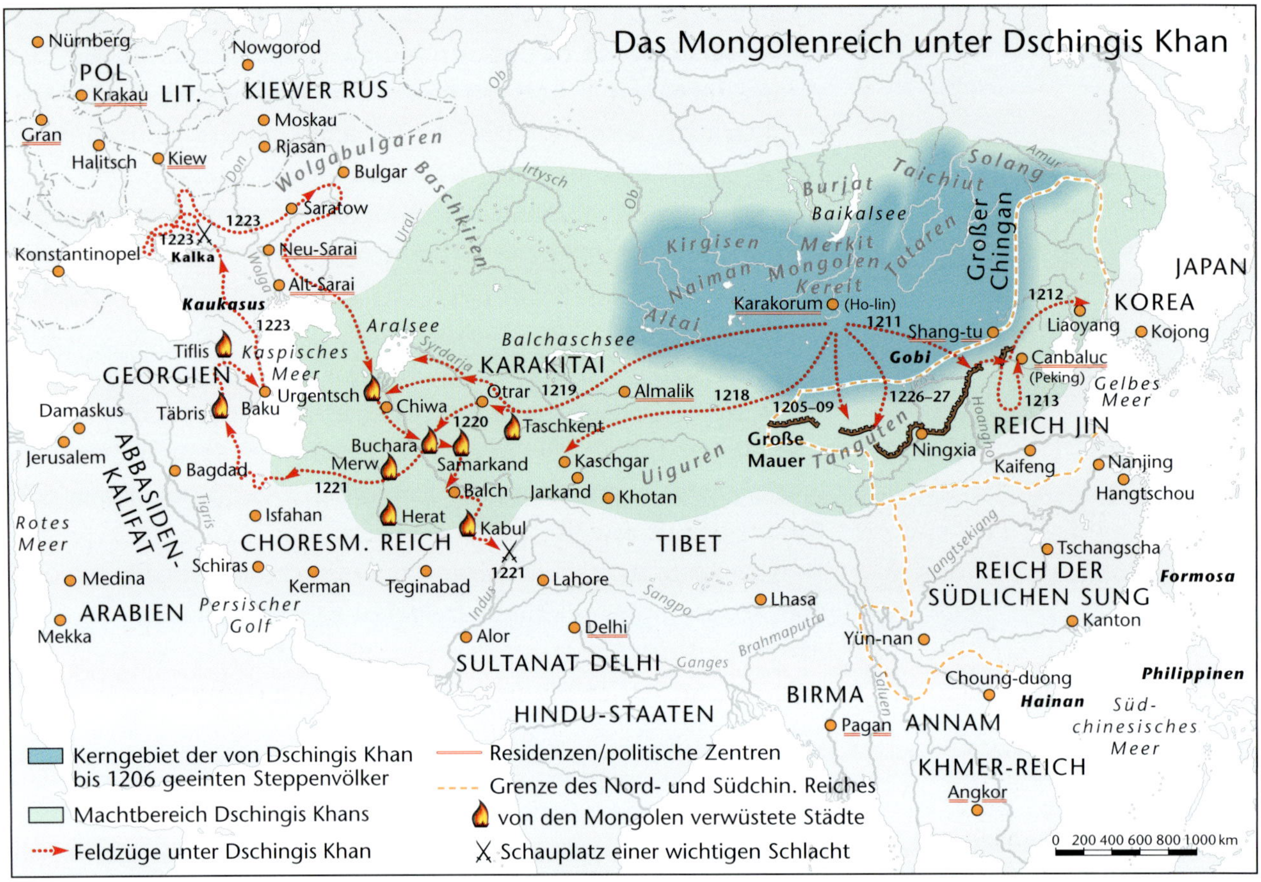

der Himmel!“, sagt er abwehrend, so als habe er Angst, auch nur darüber zu sprechen. Flüsternd berichtet der Alte: „Alle Menschen, die dem Zug mit Dschingis Khans Leiche entgegenkamen, wurden getötet. Ausnahmslos. Auch alle Arbeiter, die das Grab gebaut haben, und alle Menschen, die bei der Bestattungszeremonie zugegen waren, durften nicht am Leben bleiben. 2000 tote Diener und 800 tote Soldaten halten bei meinem Kaiser Wache. Zum Schluss jagte man tausende von Pferden über die Grabstätte, um auch die letzte Spur zu verwischen. Das Grab des Khan wird nie gefunden werden.“ Nachdenklich schweigen die beiden Männer und starren in die nur noch schwach glimmende Glut des Jurtenfeuers.

Das Mongolenreich unter Dschingis Khan war das größte zusammenhängende Reich, das je in der Spanne eines Menschenlebens geschaffen wurde.

Es fällt Carpini schwer zu begreifen, dass in einem so außerordentlich klugen und begabten Mann zwei so gegensätzliche Persönlichkeiten wohnen können. Der Khan war gleichzeitig brutal und grausam und auf der anderen Seite großzügig und gerecht.

Plötzlich steht einer der Wachtposten hinter Carpini. Wie lange wohl schon? Ahnt er, dass Carpini ein Spion ist? Carpini versucht, ganz ruhig zu bleiben. Der Bewacher scheucht den Alten auf sein Lager. Misstrauisch mustert er den Spion. „Was hast du mit dem Alten zu schaffen?“, herrscht er ihn an. Carpini tut so, als sei er betrunken und furchtbar müde. „Wir haben dafür gesorgt, dass die Airag im Fass nicht schlecht wird“, sagt er kichernd.

„Schlaf jetzt!“, befiehlt der Mongole dem Franziskanermönch schroff. „Wir brechen noch vor Morgengrauen auf. Wir dürfen keine Zeit verschenken, denn in wenigen Tagen wird die Wahl des neuen Großkhans sein.“

Die Wahl des neuen mongolischen Herrschers! Endlich erhält Carpini die Antwort auf die rätselhafte Frage, warum die Mongolenhorden von einem Tag auf den anderen in Europa ihre Zelte abbrachen und in die Steppe zurückritten: Ögedei, der Sohn und Nachfolger Dschingis Khans, war gestorben, und alle Nachkommen des Dschingis Khan mussten aus dem ganzen riesigen Reich in der Steppe zusammenkommen, um einen neuen Großkhan zu bestimmen. So will es das mongolische Gesetz.

„Diesem Tod also“, denkt Carpini, während er inbrünstig sein Nachtgebet spricht, „verdanken wir unser Leben!“

Ich bin zwar wenig, aber doch viel,
ich bin zwar schlecht, aber doch gut.

Geheime Geschichte der Mongolen

Um Dschingis Khans Tod ranken sich viele Legenden. So wurde behauptet, dass er von tödlichen Pfeilen getroffen einen Heldentod starb. Buchmalerei aus dem „Buch der Wunder“ (15. Jahrhundert) des berühmten Marco Polo, der Ende des 13. Jahrhunderts Asien bereiste.

7

Am Hof des Khan

>>> **Am 22. Juli 1246**, über ein Jahr nach seinem Aufbruch in Lyon, gelangt Carpini ins Hoflager der Mongolen. Mehr als 7 500 Kilometer hat er bis zu diesem Zeitpunkt zurückgelegt. Er kommt gerade noch rechtzeitig: Er ist dabei, als Göjük, ein Enkel Dschingis Khans, feierlich zum neuen Großkhan gewählt wird.

4 000 Gesandte aus dem ganzen mongolischen Reich sind zusammengekommen. Könige, Sultane, Fürsten und andere Würdenträger – allesamt demütige Vertreter ihrer unterworfenen Länder. Sie bringen dem neuen Großkhan kostbare Geschenke. Auf einem Berg sind mehr als 50 Wagen, gefüllt mit Gold, Silber und seidenen Gewändern, aufgestellt. Und sie alle haben Angst. Sie achten peinlich genau darauf, nichts Falsches zu sagen und keinen verkehrten Schritt zu tun.

Die Gesandten brachten große Geschenke dar: Seide, Purpur, Bagdad-Stoff, edle Felle und andere wunderbare Gaben.

Johannes von Plano Carpini

Die Gesandten der eroberten Völker mussten den mongolischen Kaisern Tribute zahlen und wertvolle Geschenke überbringen.

Die Palastjurte des Dschingis Khan. Hier empfing er Gesandte und Generäle. Während eines Feldzuges wurde das prachtvolle Ger (das mongolische Wort für Jurte) auf riesigen Ochsenkarren von Schlacht zu Schlacht gezogen.

Benimmregeln der Mongolen

Die Mongolen haben einige Benimmregeln, an die sich alle unbedingt zu halten haben.
Hier einige Beispiele:
Nie anklopfen, wenn man eine Jurte betritt!
Nie auf die Türschwelle einer Jurte treten!
Nie die Füße zum Feuer ausstrecken!
Nie mit der linken Hand etwas entgegennehmen!
Nie ein Pferd von rechts besteigen!
Unbedingt Gastgeschenke mitbringen!
Unbedingt ein Lied vorsingen können!

Überall stehen Soldaten – 10 000 Mann gehören allein zur Leibwache des Kaisers, in seinen Diensten stehen nur die Besten. Wer sich seinem Zelt auch nur einen Schritt zu weit nähert, muss damit rechnen, verprügelt zu werden.

Tagelang dauern die Feierlichkeiten zur Thronbesteigung des neuen Großkhans. Es gibt in Hülle und Fülle gutes Essen. Und natürlich Bier, Wein und Airag, bis Carpini schlecht davon wird.

Sobald Göjük gekrönt ist, darf Carpini sein Anliegen vorbringen. Er wird sorgfältig auf Messer untersucht. Dann darf er die Jurte des Kaisers betreten und sich vor ihm verneigen.

Göjük ist etwa 40 oder 45 Jahre alt, von mittlerer Größe. Er hat ein kluges Gesicht und ein ernstes, würdevolles Auftreten. Carpini übergibt ihm das päpstliche Schreiben. Danach beginnt eine zermürbende Wartezeit. Es dauert Monate, bis der Brief des Papstes übersetzt ist, eine Antwort verfasst wird und schließlich auch diese übersetzt ist.

Carpini versucht die Zeit zu nutzen, um am Hof des neuen Großkhans in Erfahrung zu bringen, was die Mongolen vorhaben. Steht den Christen ein neuer Krieg bevor? Wann und auf welche Weise werden die mongolischen Heere angreifen? So unauffällig wie möglich hört Carpini sich um. Wie zufällig macht er sich an die mongolischen Anführer heran, versucht, sie in Gespräche zu verwickeln. Aber die Mongolen sind nicht dumm. Sie haben selbst schon zu viele Kundschafter ausgesandt. Einen Spion können sie zehn Meilen gegen den Wind riechen. Carpini bekommt keine Gelegenheit mehr, herumzuschnüffeln. Und mehr noch: Sie geben ihm und seinem Begleiter kaum noch zu essen. Der Franziskaner leidet wieder einmal entsetzlichen Hunger. Wochenlang. Carpini betet verzweifelt zu Gott. Von Tag zu Tag wird er schwächer. Er versucht, nicht an Gottes Weisheit zu zweifeln. Aber leicht fällt ihm das nicht. Da lernt Carpini unvermutet einen Russen kennen: Kosmas, den Goldschmied. Ein Handwerker, den die Mongolen auf ihrem Kriegszug durch Russland gefangennahmen und ins Steppenland verschleppten, weil er ihnen nützlich erschien. Kosmas hat den Thron des neuen Kaisers angefertigt und seine kaiserlichen Siegel. Die Mongolen schätzen seine Arbeit, er kann sich frei bewegen. Kosmas leistet dem Kaiser viele Dienste und hält sich daher oft in dessen Nähe auf. Kosmas ist Christ wie Carpini, und auf einen wie Carpini hat er sehnsüchtig gewartet. Er würde alles tun, würde sein Leben dafür einsetzen, um die Mongolen aufzuhalten. Wie die Mongolen in seiner Heimat gewütet haben, das wird er ihnen nie verzeihen. Jahrelang bewegt er sich schon im Zentrum der Macht. Er weiß vieles. Auch über geheime Angelegenheiten. Kosmas besorgt zunächst einmal Essen und rettet damit Carpini und seinen Begleiter vor dem Hungertod. Als Carpini gestärkt ist, verrät er ihm flüsternd, was er im Palastzelt Göjüks erlauscht hat, während er an Göjüks Thron arbeitete: „Sie werden wieder nach Westen ziehen und die Christen überfallen. Das ist längst beschlossen, die Zeit für ihren Abmarsch ist bestimmt. Ein Heer soll durch Ungarn vorstoßen, ein zweites durch Polen."

Nächtelang diskutieren die beiden Männer, wie man das mongolische Heer schlagen kann.

Das Wichtigste ist natürlich, dass alle Christen zusammen kämpfen. Ein Land allein kann nichts gegen die mordlustigen Horden ausrichten.

Zudem müssen die Könige, Fürsten und Herzoge dafür sorgen, dass die Soldaten die besten Waffen erhalten: gute Bogen, starke Armbrüste, genügend Pfeile und eine gute Brechaxt aus starkem Eisen. Die Eisenspitzen der Pfeile muss man, genau wie es die Mongolen tun, heiß in Salzwasser abschrecken, um sie hart genug zu machen, die Rüstungen zu durchschlagen.

Kosmas gibt den Rat, dass die Christen Kundschafter einsetzen und dass Tag und

Kuriltai

Bei diesem Heereslager verbündeter Stämme wurden alle wichtigen Beschlüsse gefasst, wichtige Feldzüge geplant und die militärischen Führer gewählt. 1206 wurde Temudschin auf einem Kuriltai zum Großkhan gewählt. Nach dem Tod des alten Herrschers musste stets ein Kuriltai einberufen werden, um einen neuen Großkhan wählen zu können, und alle verbündeten mongolischen Fürsten mussten erscheinen. Selbst ein erfolgreicher Feldzug musste dafür abgebrochen werden.

Eine Goldschmiedearbeit aus der Zeit des Dschingis Khan. Die Mongolen, die kein hochentwickeltes Kunsthandwerk hatten, verschleppten Goldschmiede und andere Kunsthandwerker aus den eroberten Gebieten in die Steppe.

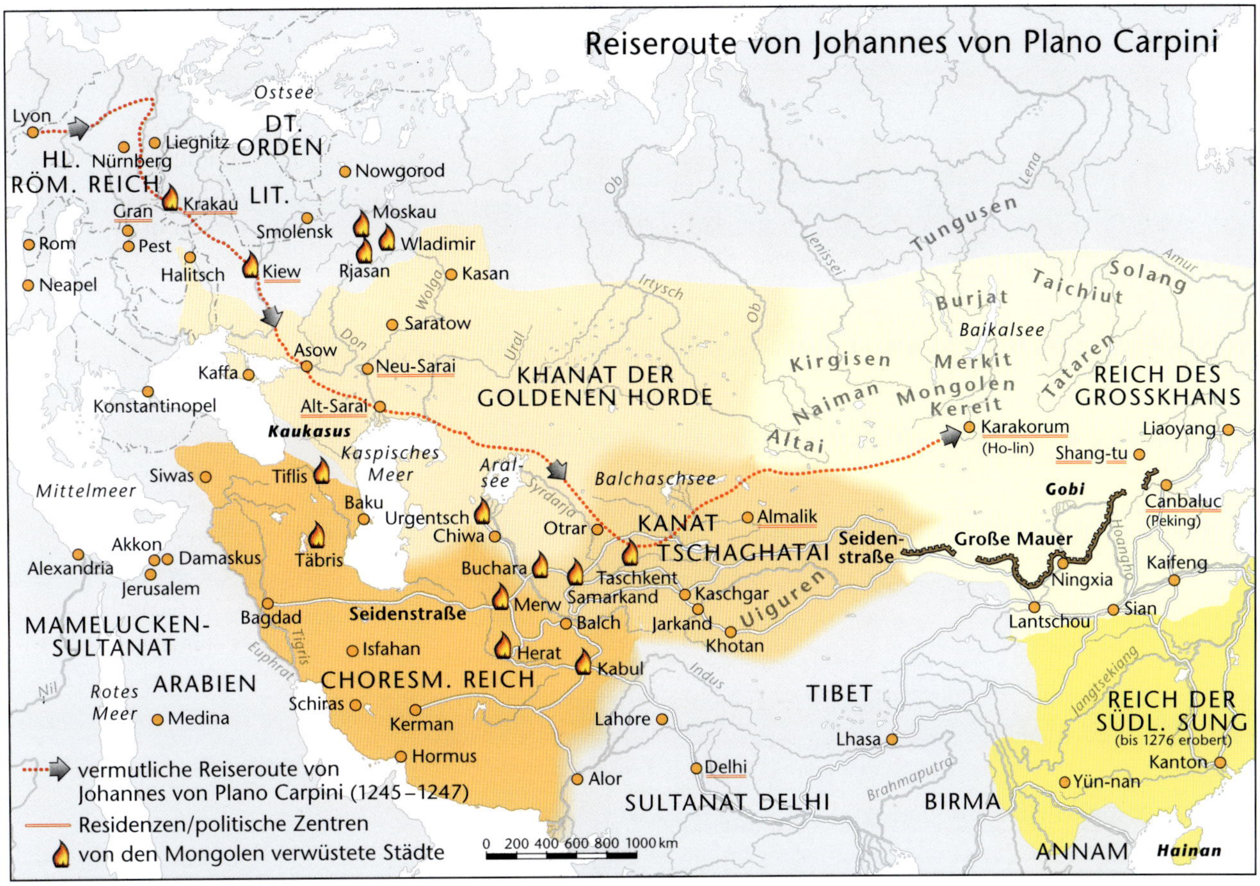

Die Reiseroute von Johannes von Plano Carpini. Über zwei Jahre war der Mönch unterwegs und legte dabei eine Strecke von über 15 000 Kilometern auf Pferden zurück.

Nacht Wachen aufgestellt werden sollen, da die Mongolen gern überraschend und aus dem Hinterhalt angreifen.

„Und bloß keine fliehenden Mongolen verfolgen!", sagt Kosmas immer wieder. Aber das weiß Carpini ja bereits: Meist handelt es sich um eine List, mit der die Verfolger in die Falle gelockt werden sollen.

Carpini notiert in seinem Spionagebericht, dass die Mongolen im Land der Alanen eine Burg bereits seit zwölf Jahren belagern. Zwölf Jahre! Ohne Unterbrechung. Auf so etwas muss man vorbereitet sein: „Baut Wälle und tiefe Gräben, befestigt die Städte mit stabilen Steinmauern, haltet ausreichend Pfeile und Bogen, Steine und Schleudergeschosse bereit!", schreibt er in seinen Spionagebericht. Wenn die Mongolen sich einer Burg nähern, dann muss sofort geschossen werden. Mit Armbrüsten, Schleudern und Maschinen müssen die Verteidiger Widerstand leisten. Der Mann, der Gott als Werkzeug zum Frieden dienen will, kennt sich in Kriegsdingen bald hervorragend aus.

Dschingis Khans Leben fasziniert die Menschen bis heute. Zahlreiche Filme gibt es über ihn. Hier eine Szene aus *Die Mongolen* von 1960. Sie zeigt Stefan von Krakau, der den Mongolen ein Friedensangebot des polnischen Königs überbringt.

Es gibt kein einzelnes Land, das ihnen allein widerstehen könnte. Wenn deshalb die Christen sich selbst, ihr eigenes Land und die Christenheit retten wollen, müssen Könige, Fürsten, Barone und die Herren der Länder einig zusammenkommen.

Johannes von Plano Carpini

Carpini betet aus der Tiefe seines Herzens dafür, dass er rechtzeitig nach Hause zurückkehren kann. Er muss die Christen warnen, dass der Angriff der Mongolen unmittelbar bevorsteht. Hoffentlich lassen ihn die Mongolen ziehen!

Der Antwortbrief von Göjük Khan an den Papst ist endlich fertig übersetzt. Dem Papst wird nicht gefallen, was der mongolische Kaiser ihm schreibt.

Auf das Angebot, die Taufe zu empfangen, schreibt Göjük: „Diese Aufforderung können wir nicht verstehen." Auf die Bitte, die Christenheit zu verschonen, antwortet Göjük, Bedingung sei, dass sich der Papst und die Fürsten freiwillig unterwerfen.

Also nichts wie weg hier. Zurück nach Lyon! So schnell wie möglich. Das Abendland muss alarmiert werden. Sonst ist alles verloren!

Endlich erhält Carpini die heißersehnte Erlaubnis, zum Papst zurückzureiten. Die Rückreise ist ebenso strapaziös wie die Hinreise. Sie dauert sieben Monate.

Am 10. Juni 1247 gelangen Carpini und sein Begleiter endlich wieder auf vertrautes Gebiet. Sie treffen in der Nähe von Kiew ein. Der Empfang ist stürmisch.

Auf dem ganzen Weg durch Russland, Polen und Böhmen werden sie mit großem Jubel empfangen.

Wohin er auch kommt, Carpini muss überall von seinen Erlebnissen erzählen. Seinen schriftlichen Bericht über die Spionage-

Dschingis Khans Erben

1218 wurde das Mongolenreich unter den vier Söhnen Dschingis Khans und deren Nachkommen aufgeteilt. Man nennt diese Erblinien Dschingisiden. Sie entwickelten sich zu vier eigenständigen Machtbereichen, den so genannten Khanaten, die in erbitterter Rivalität zueinander standen. Die Folge war, dass 150 Jahre nach Dschingis Khans Tod der größte Teil des Herrschaftsgebietes verloren war. Am längsten hielt sich die Mongolenherrschaft in Russland, dem Gebiet der Goldenen Horde, und in Zentralasien.

Kubilai Khan, ein Enkel Dschingis Khans. Er herrschte als Großkhan der Mongolen und als Kaiser von China.

reise, „Die Kunde von den Mongolen", reißt man ihm förmlich aus den Händen. Hundertfach wird er abgeschrieben und aufmerksam gelesen. Von Königen, Herzogen, Fürsten und vom Papst. Carpini konnte die Mongolen zwar nicht zu Verbündeten des Papstes machen, aber seine Spionagemission hat er gewissenhaft erfüllt. Die Christen bereiten sich auf den nächsten Ansturm der mongolischen Horden vor.

Doch ein neuer Mongolensturm erfolgte nie. Die Steppenkämpfer drangen zwar 1262 und 1285 erneut über Russland hinaus nach Westen vor, wurden aber erfolgreich abgewehrt. Das lag zum Teil daran, dass die Nachkommen von Dschingis Khan sich gegenseitig blutige Kämpfe um die Macht lieferten. Ob die Polen ihre Siege über die Mongolen der Goldenen Horde des Batu Khan zum Teil auch den wertvollen Hinweisen eines kleinen, dicken und sagenhaft mutigen Franziskanermönchs verdanken, steht so genau nicht in den Geschichtsbüchern.

Johannes von Plano Carpini wurde zum Dank für seine Dienste vom Papst zum Erzbischof von Antivari in Montenegro ernannt. Dort setzte er sich weiter für seinen Glauben ein. Er starb 1252 im Alter von 65 Jahren nach einem glücklichen, erfüllten Leben.

Junge Mongolen beim Pferderennen, dem Höhepunkt des Naadam-Festes

Chronik

um 1100 Kabul Khan unternimmt einen ersten Versuch, die Mongolen zu einigen, hat damit jedoch nur kurze Zeit Erfolg.
um 1160 Temudschin wird am Fluss Onon geboren. Er gehört zum Geschlecht der Bordschigid.
um 1171 Jesügei, Temudschins Vater, stirbt.
um 1190 Temudschin unterwirft zahlreiche mongolische Stämme und eint sie.
1196 Temudschin zieht mit den Kere'it gegen die Tataren in den Krieg.
1202 Vernichtung der Tataren
1205 Temudschin besiegt Dschamucha; der ehemalige Schwurbruder wird auf seinen eigenen Wunsch hingerichtet.
1206 Auf einem Kuriltai, einer Zusammenkunft aller mongolischen Stammesfürsten, wird Temudschin zum Großkhan gewählt und erhält den Ehrennamen Dschingis Khan. Er errichtet das erste mongolische Großreich, baut eine schlagkräftige Armee auf und erlässt ein Gesetzeswerk, die Jassa.
1209 Die türkischen Uiguren unterwerfen sich freiwillig der Herrschaft Dschingis Khans.
1209–1210 Die Tanguten werden unterworfen.
1211–1215 Die Mongolen erobern das Reich Jin in Nordchina. 1215 nehmen sie Tschungtu, die Hauptstadt der Jin, ein. Es ist das spätere Peking.
1218–1221 Eine Handelskarawane der Mongolen wird von Choresmiern niedergemacht. In einem Rachefeldzug erobert Dschingis Khan das Choresmische Reich, das sich von Innerasien bis in den Iran erstreckt. Schah Mohammed wird in den Tod getrieben, die Städte Buchara und Samarkand werden erobert.
1220 Karakorum, die spätere Hauptstadt der Mongolei, wird in der Talebene des Orchon gegründet. Erbaut wird die Stadt vor allem von gefangenen Handwerkern aus eroberten Ländern und von erfahrenen Baumeistern aus China.
1222–1223 Die Mongolen stoßen nach Osteuropa vor. Dschebe und Sübütei, die Feldherren Dschingis Khans, unternehmen Feldzüge in den Kaukasus und schlagen die Georgier.
1226–1227 Strafexpedition gegen die Tanguten.
1227 Dschingis Khan stirbt während des Feldzugs gegen die Tanguten, vermutlich infolge eines Sturzes vom Pferd. Sein Reich wird unter seinen vier Söhnen in vier Herrschaftsgebiete, die Khanate, aufgeteilt: Dschötschi, Tschagatai, Ögedei und Tolui werden dieses Reich bis nach Europa, Korea und dem Persischen Golf ausdehnen. Ögedei wird Nachfolger Dschingis Khans als Großkhan.
1234 Nordchina ist vollständig erobert.
1236–1241 Dschingis Khans Enkel Batu erobert weite Teile Russlands und errichtet das Reich der „Goldenen Horde". Zahlreiche russische Städte werden zerstört, darunter Kiew, Moskau, Rjasan und Wladimir.
24. März 1241 Eroberung und Plünderung von Krakau, die Stadt wird niedergebrannt.
9. April 1241 Sieg der Mongolen über ein deutsch-polnisches Ritterheer bei Liegnitz.
11. April 1241 Schlacht auf der Ebene von Mohi am Sajo gegen die Ungarn. Die schwer gepanzerten Ritter sind den beweglichen und taktisch klug operierenden Mongolen weit unterlegen. Nach dem Tod Ögedeis in Karakorum ziehen sich die Mongolen überraschend aus Europa zurück.
Ostern 1245 bis Novemer 1247 Spionagereise des Johannes von Plano Carpini. Die von Papst Innozenz IV. geschickte Gesandtschaft erreicht am 22. Juli 1246 den Hof des neugewählten Großkhans Göjük in Karakorum. Der Papst hofft, den Großkhan zum Christentum zu bekehren und ihn für den Kampf gegen die Muslime in Jerusalem zu gewinnen. Der Großkhan weist das Angebot des Papstes scharf zurück.
1260 Kubilai, ein Enkel Dschingis Khans, ruft sich selbst zum Großkhan aus. Unter ihm erlebt das Reich eine Blütezeit.
1271 Kubilai Khan erklärt Canbaluc (Peking) zur neuen mongolischen Hauptstadt und begründet die Yüan-Dynastie in China.
1279 China ist erobert. Zum ersten Mal in seiner Geschichte unterliegt China vollständig der Macht eines fremden Herrschers.
1294 Kubilai Khan stirbt.
13. bis 14. Jahrhundert „Pax Mongolica". Die Herrschaft der Mongolen bringt Sicherheit und stabile Verhältnisse in den eroberten Gebieten. Zwischen Ost- und Zentralasien, Indien und Europa findet ein kultureller Austausch statt; Handelswege werden ausgebaut. Durch die Mongolen gelangen chinesische Erfindungen wie das Schießpulver und der Kompass nach Europa.
Mitte bis Ende des 14. Jahrhunderts Das Großreich zerfällt in drei mongolische Einzelreiche.
1368 In China werden die Mongolen durch die chinesische Ming-Dynastie vertrieben.
1380 Die Mongolei wird durch China besetzt. 1388 wird Karakorum zerstört.
17. Jahrhundert In der Mongolei verbreitet sich der lamaistische Buddhismus, der Schamanismus wird jedoch weiterhin ausgeübt.
1691 bis 1911 Herrschaft der Mandschu in der Mongolei. Dieses Volk stammt aus der Mandschurei im Nordosten Chinas. Es entstehen die Innere Mongolei und die Äußere Mongolei. Die Innere Mongolei umfasst die südliche und östliche Mongolei; hier leben die Menschen direkt an der chinesischen Grenze und werden strikt kontrolliert. Im 19. Jahrhundert ziehen zahlreiche Chinesen hierher, so dass heute die Mongolen in der Inneren Mongolei eine Minderheit bilden. Die Menschen der Äußeren Mongolei können ihr Leben freier gestalten. Geographisch umfasst die Äußere Mongolei in etwa das Gebiet der heutigen Mongolei.
1911 Die Mandschu-Dynastie wird gestürzt, und die Äußere Mongolei erklärt ihre Unabhängigkeit. Uneingeschränkter Herrscher wird Bogd Khan, das Oberhaupt der lamaistischen Buddhisten.
1918/1919 China besetzt die Äußere Mongolei. Die Ministerien werden aufgelöst, die Armee entlassen, Widerstand wird niedergeschlagen.
26. November 1924 Die Mongolische Volksrepublik wird ausgerufen, die Mongolei zum Satellitenstaat der Sowjet-

union. Die Mongolische Revolutionäre Volkspartei (MRVP) wird kommunistische Einheitspartei. Bis 1945 untersteht die Mongolei jedoch weiterhin nominell der chinesischen Oberhoheit.
Ende der 1930er-Jahre Nach Aufdeckung einer angeblichen konterrevolutionären Verschwörung werden mehr als 700 Klöster und Gebetsstätten zerstört, wertvolle Kulturgüter gehen unwiederbringlich verloren. Mehrere Tausend Mönche werden ermordet.
10. Oktober 1945 In einer Volksbefragung sprechen sich fast 100 Prozent der mongolischen Bevölkerung für die Ablösung von China aus. Die Mongolei erklärt ihre Unabhängigkeit.
1946 Die mongolische Unhabhängigkeit wird von China (außer Taiwan) anerkannt.
1961 Beitritt zur UNO
31. Mai 1962 30 000 Menschen versammeln sich am Fluss Onon, um die Geburt Dschingis Khans vor 800 Jahren zu feiern.
1963 Als erster westlicher Staat erkennt Großbritannien die Mongolei an.
1968 Sowjetische Truppen werden in der Mongolei stationiert.
Ende der 1980er-Jahre Widerstand gegen das sowjetische Regime
1989–1993 Die Sowjetunion zieht ihre Truppen ab.
12. Februar 1992 Die Mongolei erhält eine demokratische Verfassung.
28. Juli 1992 Das erste Parlament auf der Grundlage der neuen Verfassung wird aufgestellt. Die Mongolei nennt sich jetzt Mongolische Republik.
Januar 1993 Mongolisch-Russischer Freundschafts- und Kooperationsvertrag
29. April 1994 Mongolisch-Chinesischer Freundschafts- und Kooperationsvertrag
Sommer 2006 Große Feierlichkeiten anlässlich des 800. Jahrestages der Reichsgründung im Jahre 1206 durch Dschingis Khan

Buchtipps

Neumann-Hoditz, Reinhold: *Dschingis Khan,* Rowohlt, Reinbek 2000
Gut verständliche Lebensgeschichte Dschingis Khans mit vielen Bildern.
Schröder, Rainer Maria: *Dschingis Khan,* Bertelsmann, Gütersloh 2002
Die atemberaubende Geschichte des berühmten mongolischen Herrschers Dschingis Khan
Wilson, Diane Lee: *Ich ritt ein Pferd, so weiß wie eine Wolke,* Ravensburger Buchverlag, Ravensburg 2003
Das Nomadenmädchen Oyuna will unbedingt das Pferderennen von Karakorum gewinnen. Doch bis ihr dies gelingt, muss sie am Hof des Khan viele gefährliche Abenteuer bestehen.
Ziegler, Gudrun und Hogh, Alexander: *Die Mongolen. Im Reich des Dschingis Khan,* Wissenschaftliche Buchgesellschaft, Darmstadt 2005
Aufstieg und Fall des mongolischen Weltreichs werden spannend dargestellt, mit vielen Bildern, Schautafeln und Infoboxen.

Filmtipps

Dschingis Khan – Der apokalyptische Reiter. 2004. DVD
In aufwendigen Szenen mit Schauspielern in historischen Kostümen wird die Welt der mongolischen Reiterhorden wieder erlebbar gemacht.

Die Mongolen. Sturm aus der Steppe Asiens. DVD
Dokumentation nach historischen Quellen und archäologischen Erkenntnissen

Die Geschichte vom weinenden Kamel. Mongolei/Deutschland 2003. DVD
Anrührender Film über ein von der Mutter verstoßenes Kamelkalb und dessen Rettung durch mongolische Hirtennomaden

Die Höhle des gelben Hundes. Mongolei/Deutschland 2005. DVD
Die Geschichte eines mongolischen Nomadenmädchens und seines Hundes, erzählt nach einer mongolischen Legende

Museen

Mongolei-Zentrum
Schwarzwaldstraße 88
79102 Freiburg

Webtipps

- www.web-der-weltgeschichte.de/Dschingis_0.html
Umfangreiches Material zu Dschingis Khan
- www.mongolei.net
Mongolei: Geographie, Wirtschaft, Bevölkerung und Kultur sowie Reisetipps
- www.geo.de/GEO/kultur/geschichte/62.html?p=1
Dschingis Khans Residenz in Karakorum

Auflösung des Rätsels von Seite 25:
Es sind 36 Gänse.

Register

Seitenverweise auf Bildlegenden sind *kursiv* gesetzt.

Bildnachweis

akg-images Berlin: Umschlag vorn ul, S. 2, 8, 10, 12, 15u, 29, 48, 51/Bibliothèque Nationale: S. 16-17u, 17ml, 33ml, 39, 53, 54, 59o/British Library: S. 11, 14, 50ur/Mark de Fraeye: S. 36/Werner Forman: S. 37, 45, 49; Nasanbayar Bodigerel: Umschlag hinten r, S. 7ml, 21o, 22, 24ol; Bridgeman Art Library/Bibliothèque Nationale: S. 34; Gruppe 5 Filmproduktion GmbH/Foto: Marc Riemer: S. 43ml, 43or; Jauch und Scheikowski: S. 33u, 58; Olaf Meinhardt: Umschlag vorn mr, Buchrücken, S. 18o, 21ml, 23ur, 25, 26, 28mr, 30-31u, 35ul, 63; Hansruedi Nyffenegger: Umschlag vorn o, S. 6-7, 18-19u, 20, 23ul, 24mr, 28o, 42; picture-alliance/dpa-Bildarchiv: S. 9, 19ur, 30ol, 35or, 47, 50ul; Jens Rötzsch: S. 4-5, 27ol, 27or, 41, 59u; Heinz von Matthey: Umschlag hinten l, S. 6mr

Quellennachweis

Johannes von Plano Carpini: Kunde von den Mongolen © Jan Thorbecke Verlag, Sigmaringen 1997; Walter Heissig: Die Geheime Geschichte der Mongolen, Eugen Diederichs Verlag, München 1981; Gudrun Ziegler und Alexander Hogh: Die Mongolen – Im Reiche des Dschingis Khan, Theiss Verlag, Stuttgart 2005 © Harrossowitz Verlag, Wiesbaden. Leider war es uns nicht in allen Fällen möglich, die Rechteinhaber ausfindig zu machen; alle Ansprüche bleiben gewahrt.